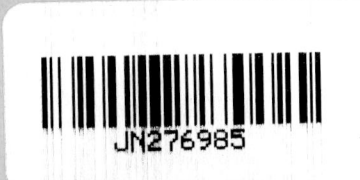

さすが！と言われる

話し方・
「敬語の使い方」から
聞き方の
「評価アップのひとこと」まで
ビジネスマナー

大学講師・コミュニケーションアドバイザー
唐沢　明 著

高橋書店

はじめに

「さすが！」と言われるビジネスパーソンになるために

私は、企業や大学で話し方・敬語などのセミナーの講師を始めて10年以上になります。セミナーの目的は、受講生のみなさんが「デキるビジネスパーソン」になることです。

では、どうすれば「あなただから一緒に仕事をしたい！」と言われるような、「デキるビジネスパーソン」になれるのでしょうか。ビジネスでは、最大限の利益を出すために、別の会社の人や、世代の違う上司など、これまではあまり触れ合う機会のなかった多くの人の力を借りることになります。そこで必要になるのがコミュニケーション能力です。私は、この能力を上げるためには、とてもシンプルなことさえきちんとできればよいと教えています。それが、本書のテーマである「話し方」「聞き方」です。

たしかにシンプルなことではありますが、いざ実践するとなると、変わってきます。敬語がうまく使えない、クレーム電話の受け答えに戸惑ってしまう、後輩をきちんと叱れない…。こんな困惑の声が日々、私のもとに寄せられます。話すこと、聞くことは、無意識にできてしまう分、いざきちんとやろうとするととても難しいもの。それぞれを完全にマスターすることは、容易ではありません。

そんな「困った」にお応えするために、本書はあなたが直面する場面に合わせた、具体的な事例を網羅しました。本書では、いつもの私の講義のように、難しいことをやさしく、やさしいことを覚えやすく、そしてより実践的なフレーズをまじえながら、アドバイスをしました。社会人スタートに向けてビジネスマナーを身につけたい人、これまでの話し方・聞き方を改めて見直したい人、後輩や新人に実践指導したい人にベストな内容になっています。

本書を通じて「さすが！」と言われる「デキるビジネスパーソン」になっていただければ、幸甚の至りです。

大学講師・コミュニケーションアドバイザー

唐沢 明

本書の使い方

すべての項目が見開きになっているので、どこから開いてもOK！
知りたい項目がわかりやすく載っています。

役立つ場面がすぐわかる
実際のビジネスで直面する場面が設定されています

心構え、振舞い方の基本がわかる
その場面で注意すること、どんな心構えでいればよいのか、が丁寧に解説されています

上司・先輩・後輩のリアルな意見がわかる

上司・先輩・後輩へのインタビュー。それぞれの視点から、役立つ情報をアドバイスしています

BUSINESS MANNERS

失敗したとき

間違いはだれもが起こすもの

ミスには後悔でなくフォローで対処

なにごとにおいても経験の浅いうちほど、いざ失敗してしまったときに対処法がわからず右往左往したり、パニックに陥ったりするもの。少し思い返しただけでも、さまざまな状況で思いあたることがあるでしょう。

仕事も同様です。今は優秀なビジネスパーソンも、若手時代に多くの失敗を重ね、そのつど対処してきたからこそ今日があるのです。

「ミスは必ず起こる」ということを覚えておいてください。この心構えができていないと、ミスへの適切な対応ができなくなります。たとえミスをしたとしてもフォローさえしっかりできれば、ピンチを大きなチャンスに変えることができるのです。失敗した後にどう考え、どんな言葉を発し、どう行動するか。これこそが若手のビジネスパーソンに必要なスキルといえます。

先輩はこう切り抜けた

30代男性（メーカー）

新入社員のころ、取引先のOA機器のメンテナンスに予想以上に時間がかかってしまったんです。そこで「新人で慣れてないもので…」と言ったのが原因で、先方をかなり怒らせてしまったのです。

ここで私は、その取引先で使われている他社製品のマニュアルを取り寄せて知識を得たうえで、もう一度赴いたのです。「先日は申し訳ございませんでした。あれから御社にある機器すべてを勉強いたしました。弊社製品以外にもなにかお困りでしたら、承りたく存じます」と伝え、コピー機を修理しました。

すると相手は態度を軟化させ、今回の働きぶりを会社に報告してくださったのです。それからは良好な関係を築き、その取引先にあるすべてのOA機器を自社製品にできました。

よくある若手の失敗

- 相手の名前を間違える
- 話の内容を聞き間違える
- 仕事の趣旨をうまく伝えられない
- 緊張してしどろもどろになる
- 失敗を自分の力だけでなんとかしようとして、よりひどい状況に陥る

130

その他にも…

NGなフレーズ、言い方がわかる
NG
言ってはいけないひと言が、理由とともにわかります

使えるフレーズ
場面に合わせた言い換えの例が豊富に載っています

相手をやる気にさせるフレーズ
- ○○さんだから頼めるんだけど…
- ○○さんは仕事が早いから…
- いつも感謝しています
- △△して頂けると嬉しいのですが…
- ○○さんは手際がよくて感心していま

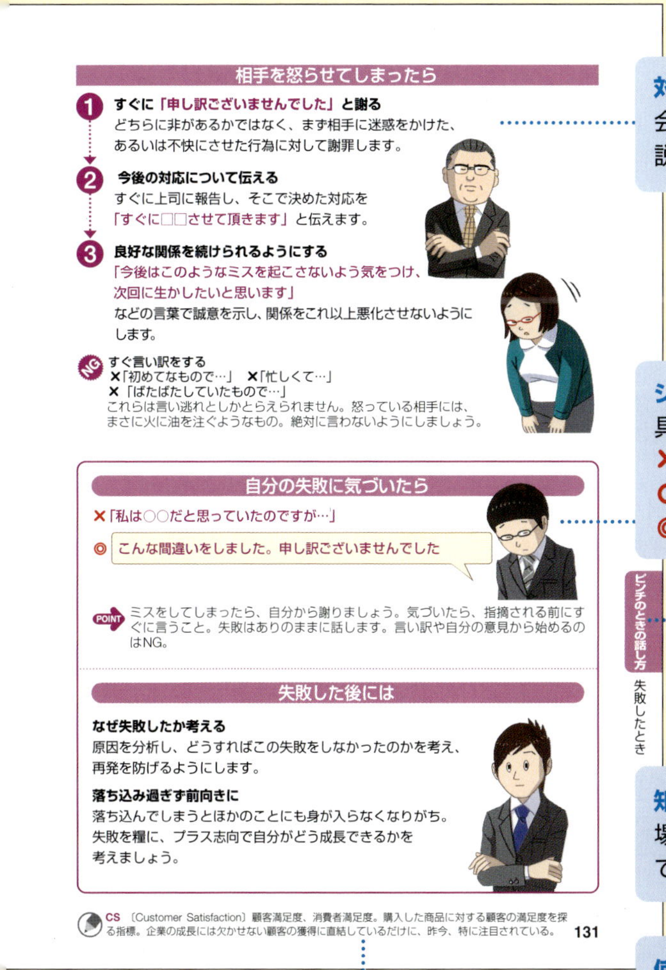

相手を怒らせてしまったら

1. すぐに **「申し訳ございませんでした」** と謝る
   どちらに非があるかではなく、まず相手に迷惑をかけた、あるいは不快にさせた行為に対して謝罪します。
2. **今後の対応について伝える**
   すぐに上司に報告し、そこで決めた対応を「すぐに□□させて頂きます」と伝えます。
3. **良好な関係を続けられるようにする**
   「今後はこのようなミスを起こさないよう気をつけ、次回に生かしたいと思います」
   などの言葉で誠意を示し、関係をこれ以上悪化させないようにします。

NG すぐ言い訳をする
✕「初めてなもので…」　✕「忙しくて…」
✕「ばたばたしていたもので…」
これらは言い逃れとしかとらえられません。怒っている相手には、まさに火に油を注ぐようなもの。絶対に言わないようにしましょう。

自分の失敗に気づいたら

✕「私は○○だと思っていたのですが…」

◎ こんな間違いをしました。申し訳ございませんでした

POINT ミスをしてしまったら、自分から謝りましょう。気づいたら、指摘される前にすぐに言うこと。失敗はありのままに話します。言い訳や自分の意見から始めるのはNG。

失敗した後には

なぜ失敗したか考える
原因を分析し、どうすればこの失敗をしなかったのかを考え、再発を防げるようにします。

落ち込み過ぎず前向きに
落ち込んでしまうとほかのことにも身が入らなくなりがち。失敗を糧に、プラス志向で自分がどう成長できるかを考えましょう。

ピンチのときの話し方　失敗したとき

CS 〔Customer Satisfaction〕顧客満足度、消費者満足度。購入した商品に対する顧客の満足度を探る指標。企業の成長には欠かせない顧客の獲得に直結しているだけに、昨今、特に注目されている。　131

対処の手順がわかる
会話の流れをわかりやすく説明しています

シーン別 すぐに使えるフレーズ
具体的なフレーズです
✕…NGな言い方
○…正しい言い方
◎…ポイントアップの言い方

知りたいところが簡単に開ける
場面に合わせて色分けされています

使えるビジネス用語
ワンランク上のビジネスパーソンになるための必須用語を解説しています

CONTENTS

PART 2 電話のきほんを押さえよう

急にかかってきても落ち着いて応対

PART 3 仕事のきほん「ホウレンソウ」を極めよう

ビジネス会話の実践! 仕事に不可欠

PART 4 社内での話し方

ワザありのひと言でポイントアップ！

PART 5 社外での話し方

好印象を残すには

PART 6 ピンチのとき！ とっさのひと言

こんなときどう言う？ 慌てず話そう

PART 7 仕事場以外にもマナーあり

アフター5・オフィス外でのマナー

※文化庁文化審議会によって敬語を「尊敬語」「謙譲語Ⅰ」「謙譲語Ⅱ（丁重語）」「丁寧語」「美化語」の5つに分類することが提言されていますが、本書では従来の「尊敬語」「謙譲語」「丁寧語」の3つの分類で掲載しています。

PART 1

ビジネス会話のきほん

ビジネスパーソンの必須能力をマスターしよう

BUSINESS MANNERS

話し方・聞き方のきほん10か条

ビジネス会話の必須事項です。
実践に入る前に要チェック！

1 「話す」よりも「聞く」に重点をおく

自分の話をおさえめにし、「話す」「聞く」のバランスを4：6くらいにしましょう。自分ばかりが話をするのはNGです。相手の主張をしっかり引き出せる、よい聞き手になりましょう。

2 丁寧な言葉づかいで話す

つねに正しい敬語で話すことを意識し、自然に出るようにします。いくら素晴らしいアイディアを持っていても、言葉づかいが間違っていては、ビジネスパーソンとしての信頼は得られません。

3 事前準備を入念に

ビジネスでは時間感覚が重要です。相手の貴重な時間を頂くのですから、無駄を省き、言うべき内容・聞きたいことを整理してから会話に臨みましょう。

4 ときどき質問をまじえて聞く

話をより深く掘り下げていこうとする姿勢をアピールします。真摯な態度で話を聞いていると思われ、的確な質問は知性をアピールすることができます。

5 いきなり相手の意見を否定しないで聞く

反対意見だったとしても「なるほど」と、いったんは肯定の言いまわしで受け止めましょう。頭ごなしの否定は強い反発などを生み、感情的になられてしまうことも。まずは相手を立てましょう。

6 あいづちを打ちながら聞く

「話を聞いています」のサイン。うなずくことは同意のシグナルですから、相手はとても話しやすくなります。話しやすい人は自然に好印象を得られるのです。

7 ジェスチャーをまじえて話す

自分の話す内容に注目を集めます。また、聞く側は視覚からも情報を得られるため理解力が高まり、納得しやすくなります。

8 復唱しながら聞く

話の内容を「心から理解している」ことが伝わるよう、相手の言葉を繰り返します。安心や納得を引き出せ、好印象です。

9 つねに笑顔で

口もとに笑みを絶やさず会話しましょう。笑顔の相手にはネガティブな感情は抱きにくいもの。自分も親しみが湧き、さらに余裕があることをアピールできます。

10 アイコンタクトを意識する

目を見て話したり聞いたりすることで、言葉からだけでは得られない信頼感が生まれます。ただし、じっと見つめ続け過ぎるのはNG。相手に不安感を与えてしまいます。

聞き方①

あいづちの打ち方

気持ちよく話せるようあいづちで促す

あいづちは「きちんと聞いている」「理解している」というシグナルです。適切にあいづちを打つ相手にはとても話しやすく、さらに「誠実」「知的」「親しみやすい」「対人適応力がある」などの好印象を抱きやすくなります。逆に反応が薄かったり無反応だったりすると、「話を聞いていない」「理解していない」「不気味」などの非常に悪い印象に。コミュニケーションの基本はしっかり聞くことですから、きちんと聞いていることをアピールするためにも、適切なリアクションを心がけましょう。

あいづちの基本は意見の肯定。「次の言葉を出しやすくするよう促す」ための手段と覚えましょう。とはいえ同じようなあいづちばかりを打っていては、きちんと話を聞いていないように思われてしまいます。いくつかの言いまわしを覚え、話の流れに合わせて場面ごとに使い分けましょう。

相手が好印象を抱く聞き方

❶ 話し手に顔と視線、体を向ける

❷ 笑顔であいづちを打ち、相手が言ったことを復唱する

❸ バリエーションに富んだあいづちを打つ

❹ 相手の話の内容に合わせて表情を変える

❺ 途中で話をさえぎらず、最後まで聞く

同じ「はい」でもこんな言い方はNG

NG

「はい」はもっともよく使われるあいづちです。
正しい言い方は短く、一度ではっきりと。
以下のような言い方では印象が悪くなります。

- 「はあ、はあ」（投げやりな印象に）
- 「は〜い！」（学生気分な印象に）
- 「はい、はい」（うるさそうに繰り返す）
- （小声で）「はい」（やる気のない印象に）
- 「はい？」（小馬鹿にした問いかけ）

あいづちのフレーズ

●肯定する

- そういうこともあるんですね
- なるほど
- そうだったんですね
- その通りですね
- さすがです

●悪いあいづち

- うん
- ってゆうか
- ふーん

●感嘆する

- お見事ですね
- それは知りませんでした
- 脱帽です

●展開する

- それでどうなったんですか？
- その先を教えてください
- と、おっしゃいますと？

話を聞いているとき

相手の目を見ながら聞きます。また、うなずくのも「聞いている」ことのアピールになります。

意見に賛成のとき

体をやや前傾させ、会釈の姿勢をしながら笑顔を浮かべると、肯定していると受け取られます。

話に興味があるとき

きちんと記憶するために相手の目を見たり、メモの準備をしたりします。

相手が話しやすい目線

体を向けて目線を同じ高さにしたり、目を合わせたりしましょう。

NGO 〔Non-Governmental Organization〕非政府組織。人権·環境·文化など多分野において国際的な活動を行う非営利の民間国際協力機構。日本では、政府の代表ではない民間団体を指すときに使う。

聞き方②

要点のつかみ方

どんどんメモを活用しよう

ビジネスの場で話を聞くときに、いちばん大切なのは要点をつかむということです。まず話の内容を大まかにとらえ、相手が「今、なにを話そうとしているのか」を知ります。そのうえで、自分の頭のなかで「キーワード」や「キーフレーズ」はなにかということを意識しながら聞くようにします。もちろん、メモを取ることも重要です。メモを取るのと、取らないのとでは、後から思い出せる話の全体像やポイントのレベルが雲泥の差となるからです。また、話し手にとっても、メモを取りながら聞いてくれる相手からは真摯な姿勢を感じるため、きちんと答えたいという気持ちになるでしょう。

聞き終えたら、あいまいなところや、わからなかったところをまとめて質問します。間違った解釈をそのままにしておくと、後で困るおそれがあるからです。そして、必要に応じて復唱し、確認するようにします。

内容を正しく把握するためのメモ

ポイントは、聞いたことをすべて書くのではなく、話の要点を箇条書きにすることです。聞き上手な人は、いち早く話の要点をつかむもの。社内・外を問わず、日ごろからトレーニングのつもりで実践しましょう。

メモ例

6月発売の新商品について

- ●ターゲット…40代
- ●価格…従来品の1.5倍
- ●特長…長持ち・プレゼントに最適
- ●方針…2月～4月に集中的にキャンペーンをする

POINT 数字などの客観的なデータは正確に書き取ります。

話を引き出すフレーズ

◎ 面白そうですね。もっと教えて頂けませんでしょうか

メモを取らせて頂いてもよろしいでしょうか

ぜひ、参考にさせて頂きます

なるほど、大変興味深いですね！

POINT 話を聞き終えたら、自分なりに内容をまとめる習慣をつけるとよいでしょう。

NG

- 話を途中でさえぎる
- 結論を自分のなかで決めつけてから聞く
- 数字・データなどのポイントをメモしない

要点がわかりにくいとき

× 「言いたいことがよくわかりません」

○ 「もう少し教えて頂けませんでしょうか？」

◎ 大変恐れ入りますが、もう少し具体的に教えて頂けますでしょうか？

POINT 要点がわかりにくい、という言い方はしません。

要点の確認のしかた

× 「結局、□□ということが言いたいんですね？」

○ 「つまり□□ということでよろしいでしょうか？」

◎ では、確認させて頂きます。□□でよろしいでしょうか？

POINT 自分の言葉でまとめて誤解がないか確認します。

相手があまり話さない人だったら

◎ それでどうなったんですか

POINT 話を引き出すために、合間に質問を挟みます。具体的に答えやすい質問や続きを促す言葉がいいでしょう。

相手がよく話す人だったら

まず、話の内容が自分に必要なものか、そうでないかを見極めます。そして話の全体から自分に必要な要素を見つけ、それを情報の幹につなげていきます。話がそれないように、知りたい内容についての質問やあいづちで先を促し、話し手をコントロールします。

WHO 〔World Health Organization〕世界保健機関。保健事業に対する援助や伝染病対策といった保健衛生問題に、国際協力をもって取り組むよう設立された、国際連合の専門機関。

敬語の使い方①

敬語の役割・効果［きほん編］

相手に敬意を示して話す

ビジネスシーンでは、年齢や肩書き、スキルなどがまったく異なる人たちとの交流がかなり増えます。そこでは、お互いの立場の違いを明確にし、敬意を伝える「敬語」を使えば、物事がスムーズに運びます。正しい敬語を使うことで、自分のために貴重な時間を割いてくれている相手に敬意を示すのです。

敬語には「尊敬語」「謙譲語」「丁寧語」があり、それぞれに独特の言いまわしがあります。まずは基本的な決まり文句を覚え、日常生活でも積極的に口にしましょう。初めは言いにくかったとしても、使い続けるうちに、慣れて身につきます。

こうして正しい敬語が自然に出るようになれば、ビジネスパーソンとしての第一歩はしっかり踏み出せたといえるでしょう。敬語独特の言いまわしや響きなどに親しむうちに日本語の美しさにも、すぐに気づくはずです。

敬語の種類

●尊敬語 相手を敬う

〈例〉

●～れる、～られる …話される、来られる
●お～、ご～ …………お聞きになる
ご覧になる

●謙譲語 自分がへりくだる

〈例〉

●お(ご)～する ………お預かりする
●いたします …………ご連絡いたします
●～頂く ………………やらせて頂きます

●丁寧語 物事を丁寧に言う

〈例〉

●です、ます、ございます…お電話です
●お～、ご～ …………お美しいです

年下にも敬語？

敬語は年長の相手に使うもの、というイメージを持っている人は多いでしょう。しかしビジネスでは、異なる組織にいる人や、立場が上の人には年齢にかかわらず敬語を使うようにします。たとえ自分の方が年長者だったとしても、相手の立場や役割を尊重しましょう。敬語を使わなかったために、相手の立場への敬意がきちんと伝わらず、不快な気持ちにさせてしまうこともあります。敬語は、ビジネスでコミュニケーションをするために不可欠な道具、と考えましょう。

※文化庁文化審議会によって敬語を「尊敬語」「謙譲語Ⅰ」「謙譲語Ⅱ（丁重語）」「丁寧語」「美化語」の5つに分類することが提言されていますが、本書では従来の「尊敬語」「謙譲語」「丁寧語」の3つの分類で掲載しています。

よく使われる敬語一覧

動詞	尊敬語 目上の人に使う	謙譲語 自分に使う
言う	おっしゃる／言われる	申す／申し上げる
聞く	お聞きになる／聞かれる	伺う／拝聴する
見る	ご覧になる	見させて頂く／拝見する
見せる	お見せになる／見せられる	お目にかける／ご覧にいれる
行く	いらっしゃる／お越しになる／おいでになる	伺う／参上する／参る
来る	いらっしゃる／おいでになる／見える	参る／参上する
帰る	お帰りになる	失礼する／おいとまする
会う	お会いになる／会われる	お目にかかる／お会いする
する・行う	なさる／される	させて頂く／いたす
いる	いらっしゃる／おいでになる	おる
借りる	お借りになる／借りられる	拝借する／お借りする
尋ねる	お尋ねになる／お聞きになる	伺う／お尋ねする／お聞きする
受ける	お受けになる／受けられる	拝受する／お受けする／頂く
教える	お教えになる／教えられる	お教えする／ご案内する
思う	思われる／お思いになる	存じる／存じ上げる
読む	お読みになる／読まれる	拝読する／お読みする
知っている	ご存じだ／知っていらっしゃる	存じる／存じ上げる
食べる	召し上がる／お上がりになる	頂く／ちょうだいする
買う	お求めになる/買われる/お買いになる	買わせて頂く

ODA〔Official Development Assistance〕政府開発援助。贈与・借款・賠償などの資金援助と、技術援助などの形で、先進国の政府機関から、開発途上国や国際機関へと行われる。

BUSINESS MANNERS

敬語の使い方②

社内・社外での使い分け

使い分けのポイントは「場面」「立場」「役割」

ビジネスの場では、相手や場面に応じて言葉を選んで使う必要があります。たとえば呼称なら、自分のことは「わたし」「わたくし」、自社は「弊社」「当社」「我が社」「わたくしども」などを使い分けます。相手にきちんと敬意を払っていることを、まずは言葉づかいで表現しましょう。

もちろん自分や自社については謙遜し、目上の人や他社には尊敬の意を示す、というように場面や役割をふまえて発言するのが基本です。この使い分けがきちんとできない人は、信頼関係を築くことができません。パートナーとの関係を大切にし、相手の立場や役割に敬意を払うことで、円滑に仕事を進められるのです。

その場に合った言葉、自分の立場に合わせた敬語を、正しく使い分けましょう。

アンケート

敬語で迷うのはどんなとき？

❶ 社外の人に社内の人のことを話すとき
→上司でも自社の人は身内、と意識

❷ 上司に他の人からの伝言を伝えるとき
→自分の立場に置き換えた言い方に直す

❸ 自分の敬語が丁寧過ぎる気がするとき
→二重敬語になっていないか見直す

❹ 取引先との電話中、上司の前で上司を呼び捨てにするとき
→他社の人を最上位に考える

❺ 上司と他社の人と自分、という三者で話すとき
→上司もあくまで身内と考える

❻ 上司の身内から電話があったとき
→「○○部長は外出されています」などと敬語を使う

高橋書店調べ

役職名による序列

●民間企業
会長／社長／専務／常務／部長／次長／課長／係長／主任

●中央官庁
事務次官／局長／審議官／官房三課長／課長・参事官・調査官／室長・企画官／課長補佐・専門官／係長・主査／主任／主事

●外資系企業
最高経営責任者（CEO）／最高執行責任者（COO）／最高財務責任者（CFO）／パートナー／エグゼクティブ／ディレクター／シニアマネージャー／アソシエイト／マネージャー／シニアスタッフ／オフィサー

※ここに示しているのは、一般的な例です。会社や組織により、多少異なります。

社内・社外での使い分けの原則

❶自社の人と話す場合	丁寧語を使い、目上の人には尊敬語を使う
❷社外の人と話す場合	つねに尊敬語を使う
❸社外の人との会話に自社の人が出てきた場合	自社の人に関することは謙譲語を使う

POINT 部長や課長という役職名は、敬称の役割も果たしています。そのため、役職名に「様」「さん」を加える必要はありません。また、社外の人に上司のことを話すときは、「鈴木課長が…」ではなく「課長の鈴木が…」というふうに言います。

自称・他称の呼び分け方

	自分側	相手側
わたし	わたくし	○○様
会　社	弊社・小社・わたくしども・手前ども	御社・貴社
社　員	上司・担当・社員	ご上司・ご担当・○○様
同行者	同行の者	お連れ様・ご同行の方
配　慮	配慮・留意	ご配慮・ご尽力
考　え	私見・考え・愚見・卑見	お考え・貴意・ご意向・ご意見
贈答品	粗品・寸志	お品物・ご厚志・結構なお品
自　宅	拙宅・小宅・寓居	お住まい・お宅・貴宅

間違えやすい敬語

社内の人に

× 「**すみません**でした」
○ 「**失礼いたしました**」
◎ 「**申し訳ございません。以後、気をつけます**」

POINT ビジネスの場で「ごめんなさい」「すみません」はNGです。

× 「○○**さん**という人が**来て**ます」
◎ 「○○**様**が受付に**いらして**います」

POINT お客様には「様」をつけます。

× 「**ちょっとわからない**ので、受付で**伺って**ください」
◎ 「わたくしでは**わかりかねます**ので、受付で**お尋ね**ください」

POINT 「伺う」は「聞く」の謙譲語。

× 「ちょっと**行って来ます**」
◎ 「**行って参ります**」

POINT 自分の行為には、謙譲語を使います。

社外の人に

× 「**名前を聞いて**もいいですか？」
○ 「**お名前をお伺い**できますか？」

POINT 丁寧語の「お〜」をマスターしましょう。

× 「なんの**用**でしょうか？」
◎ 「どのような**ご用件**でしょうか？」

POINT 「ご〜」を使って丁寧な表現にします。

× 「あとで**かけ直します**」
◎ 「後ほど**かけ直させて頂きます**」

POINT 「〜する」を「〜させて頂く」という言い方に変えます。

敬語の使い方③

丁寧語の表現・役割

会話の印象をぐっとよくする

単語や表現を丁寧にすることで敬意を示す言葉づかいを「丁寧語」といいます。ビジネスシーンでは相手との関係を問わず、つねにこの丁寧語を使うよう心がけましょう。これだけで会話全体がやわらかい印象になり、相手によいイメージを与えやすくなります。

丁寧語のおもな表現方法は下記のふたつです。

①語尾を「です」「ます」「ございます」にする…「□□だ」「□□である」などを、「部長は会議中です」「デスクの上にあります」「営業部の○○でございます」というように変えます。

②頭に「お」「ご」をつける…「お名前」「ご自宅」など、「ご」「お」をつけることで、聞き手に上品な印象を与えられます。

これらの言葉は恥ずかしがらず、どんどん使いましょう。そうすれば自然に自分の言葉になじみ、違和感なく使えるようになります。

心ない敬語は慇懃《いんぎん》無《ぶ》礼《れい》

30代男性（メーカー）

若手の中には、敬語を使おうと思うあまりに、慇懃無礼でかえって相手を不愉快にさせてしまっている人がいます。たとえば取引先との電話で「ご指摘はごもっともかと存じますが、私の一存でははかりかねますゆえ、上司に相談させて頂きたくお願い申し上げます…」などと言っているんです。隣で聞いていてハラハラしてしまいました。敬語は、少し使えるようになったと思うときが危険なとき。心がこもっていない敬語ほど失礼なものはないのだと実感しました。

能力を直接問うのは失礼

20代女性（サービス）

入社1年目に先輩の同行で取引先を訪ねたときのことです。先方のスポーツ万能の部長と、ウインタースポーツの話題で盛り上がったんです。ちょうど私もスノーボードを始めたばかりだったので「部長はスノーボードもおできになるんですか」と軽い気持ちで尋ねたら、一瞬、不快そうな顔をされてしまいました。後で先輩に「目上の人にあの言い方はよくない。『部長はスノーボードもなさるんですか』と言うべきだ」と注意されました。直接的に能力を尋ねるような質問は失礼だったと反省しています。

知っているとポイントアップ！ 丁寧な表現

いつもお世話になっております

あいさつの定石。電話やメールの書き出しにも使えるとても便利な言葉。

恐れ入ります

お礼の言葉。「ありがとうございます」よりかしこまった言いまわし。

席を外しております

電話があったとき、当人がどこにいるかわからないときに用いる。外出が確認できているときは使わない。

お手数ですが…

何かを頼むときに使う。丁寧な印象になる。

「さようでございます」	「その通りです」「そうです」の丁寧な言い方
「かしこまりました」	「わかりました」は目上の人には使わない。承知したことを表す
「わかりかねます」	「わかりません」「知りません」をやわらかく表現する言い方
「いたしかねます」	「できません」「無理です」という直接的な言葉を丁寧に言う
「ちょうだいいたします」	なにかをもらったときや、食べたり飲んだりするときに使う
「お手すきでしたら」	「余裕があったら」というとき
「ごもっともですが、しかし…」	相手の意見に対して反論したいときに、やんわり言う
「ご足労頂き、ありがとうございます」	相手が訪問してきたとき
「お越し頂けませんか」	相手に来てもらいたいとき
「ご遠慮頂けませんか」	「やめてください」という直接的な表現を言い換える
「いかがいたしましょうか」	目上の人の意見・考えを知りたいとき、要望を尋ねるとき

フェアトレード　不均衡な南北交易の実情を正し、途上国の生産者の自立支援を促すために、適正な価格による貿易を生産者と消費者が互いの存在を身近に意識しあうことから始めようとする運動。

敬語の使い方④

NG敬語を知ろう

脱「バイト語」「若者言葉」

「その人の価値は話す言葉によって決まる」と言われていますが、ビジネスシーンでは日々、これを実感することでしょう。「ご注文の品はこちらになります」「全然大丈夫です」「超キモい」「～ていうか」…これらのバイト語・若者言葉は、本人はおかしいと思わなくても、耳にする相手は確実に不快になります。特に年配の人や目上の人は言葉づかいに敏感なことが多く、たったひと言でマイナス評価に転じてしまうこともあるので気をつけましょう。

言葉づかいが乱れている現代に正しい敬語を使える人は、それだけで輝きます。流行語や、省略言葉は友人どうしで話すときにとどめるべき。まずは上司や取引先に対してどんな言葉がNGかを知り、言葉への認識を改めましょう。

アンケート

耳障りな言いまわし

どれも、友人との会話では使えるかもしれませんが、社会人としては失格。もう一度チェックしてみましょう。

❶ ～っていうか
❷ 超～
❸ ～って感じ
❹ ～的には
❺ ～の方
❻ ～でよろしかったでしょうか
❼ ～になっております
❽ 私って～な人だから
❾ ～とか
❿ ～ですよねぇ？
⓫ すいません
⓬ ～らしいですよー
⓭ ありえない
⓮ ～っすか
⓯ ヤバイ

高橋書店調べ

若者言葉を使う人をどう思う？

50代男性（金融）

① 仕事ができない人
② そういう人を部下にしたくない
③ 取引先に紹介したくない
④ 教える気持ちが冷める
⑤ 学生気分で仕事をするな！

よくある間違い表現

二重・三重に敬語を使ったり、相手に謙譲語を使ったり、自分に敬語を使ったり…
いずれも間違った言いまわしです。その場に応じて正しい言葉を選びましょう

場面	NG	適切な表現
お客様に対して	受付で伺ってください	受付でお尋ねください
社内で社内の人のことを話すとき	○○課長がご説明いたしましたが	○○課長が説明されましたが
社外で社内の人のことを話すとき	○○課長がご説明いたしましたが	課長の○○が説明しましたが
相手の会社に行くとき	私がそちらにお行きします	私が御社にお伺いします
コーヒーを出すとき	お好みはコーヒーでいらっしゃいましたね	お好みはコーヒーでございましたね
資料を取ってもらうとき	資料を一部ずつお取りして頂けますか	資料を一部ずつお取り頂けますか
あいさつするとき	お世話様です	お世話になっております
お客様が来たとき	お客様がおいでになられました	お客様がお見えになりました
所在を確認するとき	会議室におられますか	会議室にいらっしゃいますか
書類の確認を頼むとき	この書類を拝見して頂けますか	この書類をご覧頂けますか
電話の取り次ぎをするとき	○○部長ですね、はい、いらっしゃいます	部長の○○ですね、はい、おります
食事をするとき	○○部長、どうぞ頂いてください	○○部長、どうぞ召し上がってください
お茶を出すとき	お茶になります	お茶です
帰る人に	課長、そろそろ失礼されますか	課長、そろそろお帰りになりますか
自分が先方へ行くとき	私の方からおいでになります	わたくしが参ります
上司に対して	ご苦労様です	お疲れ様です

議員特権　国会議員の職務遂行を保障する憲法上の特権。現行犯などの場合を除く会期中の不逮捕特権、議院での発言などに対する免責特権のほか歳費・文書通信交通費などの手当がある。

あいさつのしかた①

考え方とマナー［きほん編］

明るく、元気よくして好印象に

あいさつはマナーの基本で、その人の中身をさらけだすものです。そして「あなたの存在を見つけました。よろしくお願いします」というメッセージでもあり、場の雰囲気を明るくする効果もあります。自分の心を開くことで相手の心も開かせ、お互いの心を近づける役割のある大切な行為なのです。

このように、あいさつには会話のきっかけを作り、コミュニケーションの土台を作る働きがあります。

あいさつは、そのやり方や言葉の選び方で相手に与える印象が大きく変わりますが、されて嫌な気持ちになる人はおそらくいないでしょう。積極的にあいさつすることで好印象を勝ち取り、さらに名前と顔も早く覚えてもらいましょう。きちんとした言葉づかいで、その場に合ったあいさつができれば、社内でも社外でも必ずプラス評価を得られます。

感じのよい「あいさつ」のポイント

あ　明るく　笑顔で明るくさわやかに

い　いつでも　いつでもどこでもだれにでも

さ　先に　自分から先に、相手の目を見て

つ　続けて　ずっと続けて忘れずに

シーン別あいさつ

社内で

- 出社時・午前中……………「おはようございます」
- 午前11時以降は　…………「お疲れ様です」
- 退社時は　…………………「お先に失礼します」
- ● 退社する人へ　……………「お疲れ様でした」

外出する／見送る

「行って参ります」
「行ってらっしゃいませ」

POINT 帰社する時間を前もって上司に伝えてから外出のあいさつをします。連絡ボードがあるなら、そこに必要事項を記入しましょう。

帰社する／迎える

「ただ今戻りました」
「お帰りなさい」「お疲れ様です」

POINT 帰社したら、自分が帰社したことを上司に伝えます。上司や同僚が帰社したときは、率先して明るくあいさつをしましょう。

社内ですれ違う人に

●基本
「こんにちは」／「おはようございます」／「お疲れ様です」／「失礼いたします」

●先輩・上司に対して
軽く会釈。歩きながらや作業をしながらなどの「ながらあいさつ」にならないよう気をつけます。相手の名前を呼んでからあいさつすると、好感度がアップします。
「○○さん（○○課長）、お疲れ様です」

●重役・重要な来客に対して
脇によけ、立ち止まってあいさつをします。
相手が通りすぎるまで立ち止まっていましょう。
「お疲れ様でございます」

●一般の来客に対して
知らない人でも軽い会釈を心がけましょう。知り合いには明るく声をかけます。
「こんにちは」「いらっしゃいませ」

●他の部署の人に対して
会釈して、声をかけます。違う部署の人との交流につながります。
「お疲れ様です」

先に帰る／帰る人に

「お先に失礼します」「お疲れ様でした」

POINT 自分が帰る場合「お疲れ」などと簡単に省略せず、丁寧に伝えるようにしましょう。

内閣信任決議　議会が内閣を信任する決議。衆議院で内閣信任決議案が否決、または不信任決議案が可決されたときには、内閣は10日以内に衆議院を解散するか、総辞職しなくてはならない。

あいさつのしかた②

日々の業務をスムーズにするマナー

「ピッチャー型」を心がける

積極的にあいさつをし、それを継続することは、あなたの評価アップにとても有効です。毎日のあいさつを欠かさないことで、その人の意思と姿勢が周囲の期待に変わるのです。先に相手にあいさつをされてから自分もする、という「キャッチャー型」ではその姿勢は伝わりません。自らのタイミングで積極的に動く「ピッチャー型」のあいさつを心がけましょう。

とはいえ、積極的に話しかけるのは苦手な人もいるでしょう。その場合は、まずアイコンタクトを身につけましょう。目を合わせることで、相手の表情からたくさんのことが読み取れ、これが自信と安心のもとになります。

さらに、よい印象を与えるには笑顔が有効です。自分に笑いかけてくる人に対しては、つい顔がほころんでしまうもの。スマイルコミュニケーションで笑顔のキャッチボールもできれば、好感度は上がります。

お辞儀の使い分け

お辞儀にも相手や場に合わせた種類があります。基本のパターンを覚え、丁寧なお辞儀を心がけましょう。

会釈…15度
人とすれ違う、あるいは前を通るとき、軽くあいさつをするとき。

敬礼…30度
出社・退社時のあいさつや、得意先訪問時などにもっともよく使う。

最敬礼…45度
もっとも丁寧なお辞儀。感謝やお詫び、大切なお客様に対して使う。

取引先の人と社内で会ったとき

× 「……（会釈のみ）」

○ 「こんにちは」

◎ ○○さん、こんにちは！
いつもお世話に
なっております

POINT 相手の人が知っている人だった場合、積極的に声をかけます。相手も緊張をほぐせます。

エレベーターで乗り合わせたとき

× 「……（会釈のみ）」

○ 「こんにちは」「お疲れ様です」

◎ 何階でしょうか
（先に降りるとき）お先に失礼します

POINT 空いているときはあいさつしますが、混んでいる場合は目礼ですませるようにします。

用事を頼まれたとき

× 「いいですよ～」

○ 「はい、わかりました」

◎ はい、かしこまりました
はい、承知いたしました

POINT 単に「はい」と返事するより丁寧になります。相手の顔を見ながらだと相手に安心感が伝わります。

仕事中にあいさつされたとき

× 「あ、どうも（仕事をしながら）」

◎ （仕事の手をとめて）こんにちは
（立ち上がって）お世話になっております

POINT たとえ作業中だったとしても、いったん手をとめて相手の顔を見てあいさつを返しましょう。なにかをしながらのあいさつは失礼です。

他の会社を訪問するとき

× 「こんにちは。○○さんいますか？」

○ 「こんにちは。△△会社の××と申します。○○さんはいらっしゃいますか？」

◎ こんにちは。いつもお世話になっております。△△会社の××と申します。○○さんにお目にかかりたいのですが、いらっしゃいますでしょうか？

POINT 何度目かの訪問であったとしても、丁寧な言い方、敬語はきちんと守りましょう。

社外の人へのあいさつ

× 「ご苦労様です」

○ 「お疲れ様です」

◎ お疲れ様です。
いつもお世話に
なっております

POINT その会社の一員として、感謝の気持ちを表しましょう。清掃の人や、出入りしている業者にも、分け隔てなく丁寧にあいさつしましょう。

連合政権　国会の過半数を得られず単独政権が成立しない場合、政党どうしが協力体制をとる。複数の政党の党員からなる連立政権、一党の内閣に他党が閣外から協力する少数単独政権がある。

コラム

誠意が伝わる聞き方って…？

尊大に見える態度は厳禁

「聞く」ことは一見すると受け身であるように思えますが、じつはとても積極的な行為です。特にビジネスの場において聞き手であるときには、相手の話に理解や共感を示すことによってここちよく感じてもらい、楽しい雰囲気のなかでより深く「話して頂く」ようにしなくてはなりません。

「話して頂く」ためには、謙虚な姿勢が必要となります。腕や足を組んで座ったり、テーブルにひじやほおづえをついたりするのはもちろん、胸を反らせ過ぎても尊大な態度に見えてしまいます。また、手でなにかをいじったり、指を鳴らしたり、髪を触ったりするなど会話に関係のない行動は、話に興味がないサインと受け取られますので、注意しましょう。

視線を合わせ、ジェスチャー、あいづちをまじえて

会話やあいさつは、相手の目を見て行うことが基本です。背後などから声をかけられたときも同様に、必ず振り返り相手の顔を見て返事をするようにしましょう。ただし、ずっと視線を合わせ続けて心理的な負担を与えてしまったり、口もとばかりを見ていて、なにかついているのかと誤解されてしまったりすることもあります。会話をするときは1か所を凝視するのではなく、相手の顔周辺に軽く視線を置いて、ときどき目を見るようにするとよいでしょう。

さらに、相手の話を受け止める意思表示として「あいづち」を活用します。楽しそうにうなずく、身を乗り出す、話の内容に応じて表情を変えるなど、適度なジェスチャーをまじえましょう。ときには「それからどうなったのですか？」というような先を促す質問を、話の腰を折らない程度に挟むことで誠意と共感を表します。

PART 2

電話のきほんを押さえよう

急にかかってきても落ち着いて応対

BUSINESS MANNERS

電話の取り方①

きまりとマナー［きほん編］

電話の印象が会社の印象につながる

かかってきた電話には、率先してすばやく出るのが絶対条件です。急用の取引先や怒り心頭のお客様かもしれませんし、そうでなくても、むやみに待たせるのは、お金や時間を費やしてかけてくれた相手に失礼です。

特に、代表電話に3コール以内に出ないと、かけた側は相当待たされたと感じます。多忙な人ほど無駄な時間を嫌うことを、肝に銘じましょう。

また、電話応対するときはいつでも、会社の代表である自覚が必要です。つい出てしまった不用意なひと言で誤解が生じ、それが大きな悪影響をおよぼしてしまうかもしれないというリスクがあることを考えましょう。

ビジネスでの電話は、とても重要なものです。そのため新人のうちほど緊張してしまったり、苦手意識が働いたりすることが多いもの。よくかけてくる取引先の名前や内容、種類を把握し、早めに慣れておきましょう。

電話のきまり

- 3コール以内に出る
- 姿勢を正す
- 第一声は明るくはきはきと

まず、基本操作を覚えます。かかってきた電話を間違えて切ってしまう、保留ボタンを押し忘れる、などのうっかりミスに気をつけます。

電話にふさわしい声

- 口を大きめに開けて高めの声を出すと、明るく丁寧な印象を与えられます。
- 忙しくてもゆっくり話します。早く話すと、せっかちな印象を与えたり、相手が聞き取れなかったりします。

電話中も笑顔が必要です。相手は顔が見えないからこそ、ちょっとしたことから感情や姿勢を敏感に感じとるのです。つねに対面して話しているつもりで、表情にも気をつけましょう。

電話がかかってきたときの基本フレーズ

ケース	言い方	どうする？
不在の人へ	「申し訳ございません。○○はただ今席を外しております」	メモを残す
問い合わせ	「□□についてのお問い合わせですね。ただ今担当におつなぎいたします」	担当者につなぐ
他の電話に出ている人へ	「○○はただ今別の電話に出ております」	メモを残す
休みの人へ	「○○は本日お休みを頂いております」	メモを残す
間違い電話	「私どもは△△社ですが番号は何番におかけでしょうか」	―
わからない質問	（上司がいる場合）「申し訳ございません、私ではわかりかねますので担当におつなぎいたします」	上司につなぐ
わからない質問	（上司がいない場合）「申し訳ございません、その件に関しましては確認後、折り返しお電話させて頂いてよろしいでしょうか」	連絡先を聞き、調べて折り返す
電話中に緊急の電話がかかってきた	「お話の途中、恐縮です。緊急の電話が入ったようです。少々お待ち頂いてよろしいでしょうか？」 「お電話の途中、申し訳ございませんが、緊急の電話が入ったようです。そちらがすみしだい、折り返させて頂いてもよろしいでしょうか？」	保留にして出る いったん電話を切り、もう一本の方に出る

メモの取り方

❶ だれあてか
❷ だれからか（会社名・名前）
❸ 用件
❹ 相手の連絡先
❺ いつかかってきた電話か
❻ 署名

メモ例

田中様

○○社の森様より、
お電話がありました。

×月×日の打ち合わせの予定を変更したい、とのこと。

本日15時以降に折り返しの電話をお願いします。

電話　03-XXXX-XXXX

×月×日 10時30分　伊藤

POINT
復唱は必ず
間違いのないよう、メモの内容を復唱し確認します。相手の名前や連絡先などの情報は、必須の確認事項。
聞いておくといいこと
折り返し電話する場合は、相手の都合の悪い時間を聞いておきます。

統一地方選挙　3～5月間に任期の満了を迎える地方自治体の議会議員と首長の選挙の期日を、全国的に統一して行うもの。速やかな執行と経費節減のため、1947年以降4年ごとに行われる。

電話の取り方②

電話がかかってきたら

「聞いている」ことをアピール

かけてくれた相手に好印象を与えるために、まず必要なのが「丁寧に」「明るく」「正確に」応対することです。おそらく電話応対では、出るためだけに準備して待っていることよりも、他の作業をこなしながら出ることの方が多いでしょう。こういうときほど「丁寧に」「明るく」「正確に」が欠けがち。気持ちを切り替えるために、出る直前に大きく呼吸するなどの決まりごとを作っておくのもいいでしょう。

また、電話を受けるときは、直接話すときよりも相手に「聞いている」ことをより強くアピールしましょう。電話では、顔の見えない1対1のコミュニケーションになることが多い分、自分の話がきちんと伝わっているか不安になりがちです。そこで適切なあいづちを打つことの効果は大きく、それだけでも相手は安心して話せるようになるのです。

電話を取るとき

●社外からの場合（基本）

「おはようございます。
△△社営業部の○○でございます」

「はい、△△社、
営業部の○○でございます」

「はい、△△社人事部の、
○○が承っております」

「お電話ありがとうございます。
△△社人事部の、○○が承っております」

（3コール以内に取れなかったら）
「お待たせいたしました。
△△社人事部の○○でございます」

●内線の場合

「お疲れ様です。
総務部の○○でございます」

保留にするときのルール

●だれかにつなぐとき

「○○ですね。ただ今おつなぎいたしますので、少々お待ちください」

●電話から離れて確認を取りたいとき

「ただ今確認いたしますので、少々お待ち頂けますか？」

●保留にして待たせた相手には

「お待たせいたしました」

●保留のNG

電話口を手で押さえるのはNG。ガサゴソした音やこちらの会話が聞こえてしまうと、印象は非常に悪くなります。必ず保留機能を使いましょう。保留時間は30秒が限度です。

セールスの電話の断り方

×「セールスなら結構です」

◎ 申し訳ございませんが、
必要になりましたらこちらから
ご連絡いたします。
ご連絡先をお願いいたします

POINT セールスだからといってぞんざいな応対をするのはNG。いずれお客様になる可能性もあるので丁寧に断ることが大切。

NG

切るときのNG

受話器をそのまま置くと相手にガチャンという音が聞こえ、とても不愉快な思いをさせることに。相手が切ったことを確認してから、静かに手でフックを押して受話器を置きましょう。

こんな応対はNG！

先方の名前を聞き取れないまま取り次ぐ

×「なんか○○さんって人から電話です。会社名はちょっと聞き取れなかったんですけど…」

会社名、名前はきちんと聞き取って伝えましょう。慣れないうちは相手の声がよく聞き取れないこともありますが、一度でわからなかったら、

◎ 誠に申し訳ございませんが、
お名前をもう一度伺っても
よろしいでしょうか

と聞きましょう。

先方にかけ直しを頼む

×「申し訳ございません。○○はただ今席を外しておりますので、またかけ直して頂けますか？」

取り次ぎ相手や担当者がいないからといって、自分から相手に再度かけ直しを要求するのは失礼です。この場合は、

◎ ○○はただ今席を外しておりますので、戻りましたら○○から折り返しご連絡を差し上げてもよろしいでしょうか

とお伺いし、連絡先を聞きましょう。

伝える必要のないことを言う

×「すみません、○○課長は今ちょっとトイレに行ってます」

「トイレに行った」「喫煙所に行った」「買い物に行った」など、ビジネス上伝える必要のないことで取り次ぎ相手が席にいない場合は、

◎ 申し訳ございません。
○○はただ今
席を外しております

と対応しましょう。

電話している人のそばで話す

電話で話している人がいたら、周囲も静かにしましょう。聞こえにくくなるうえ、話している内容が先方に聞こえてしまいます。

他のことをしながら電話をする

ビジネスでは「ながら電話」は厳禁です。相手には見えなくても、自分との電話に気持ちが入っていないことが伝わってしまうものです。

公職選挙法　衆議院議員、参議院議員、地方公共団体の長と議会議員の選挙について、選挙権と被選挙権、議員定数、選挙運動など手続きやルールを詳しく定めた法律。1950年に制定された。

BUSINESS MANNERS

電話の取り方③

クレーム電話の対処法

クレームは企業へのラブレター

クレーム電話は相手が高圧的だったり理不尽だったりするほど、直接関係ないのになぜ自分が対応しなくてはならないのか、という疑問や不満が生じがちです。しかし相手は、あなたの会社に何らかの改善を求めているのです。改善と成長のチャンスを与えてくれる重要な電話と、前向きに考えましょう。会社にとってプラスなだけでなく、あなたのコミュニケーションスキルも磨かれます。クレームを相手からの「ラブレター」と捉え、自分の応対で新たなファンを獲得するくらいの気持ちで臨みましょう。

クレームの対処で大切なのは、聞き上手・あいづち上手になることです。言い訳をしたり、否定的・感情的になったりすると相手の気持ちを逆なでするおそれがあります。相手の主張が終わるまで、とにかく聞き続けましょう。自分が話すのはそれからでも遅くありません。相手も言うだけ言えば感情の高ぶりは治まってくるものです。

電話だけではすまない場合は

謝罪文を書く・お詫びに行く・上司に同行してもらうなど、様々な対処のしかたがあります。自分だけで考えて行動するのではなく、上司や先輩などのしかるべき人に状況を報告・相談し、指示を仰ぎましょう。お詫びに行く場合は1人で行かず、上司に同行してもらい、複数名で行きましょう。

上司に対する報告のしかた

報告する際には、5W3Hを押さえ、必要なポイントを簡潔に話しましょう。

Who だれが
（相手の名前、連絡先）
Where どこで
When いつ
What なにを
（商品の名前やサービス）
Why どうして
How どのように
How much いくらの
（商品やサービスの値段など）
How many いくつの

こういった基本的な事項を具体的にまとめ、上司には隠さず報告しましょう。

対応のしかた

1. **まず謝る**
どんな内容でも、まずは「大変申し訳ございません」と謝り、相手の感情的な気持ちを落ち着かせます。

2. **話を最後まで聞く**
否定的な発言は一切ひかえ、話を聞き終わったら内容をまとめて復唱します。

3. **相手の連絡先を聞く**
住所・氏名・電話番号をメモします。

4. **対応策を立てる**
その場で対応できることは迅速に行います。いったん電話を切り、上司に相談して改めて電話をする場合も。

相手の怒りを鎮めるフレーズ

ひたすら「申し訳ございません」と謝っているだけでは「ただ謝ればすむと思っている」と思われがち。そこに共感の言葉を添えることで「真摯に対応してくれた」というものに変えられます。

「お気持ちは十分理解いたしました」
「それはさぞかしご不快だったでしょう」
「本当に申し訳ございません」
「ごもっともでございます」
「おっしゃる通りです」
「大変ご迷惑をおかけいたしました」
「さようでございますか」

POINT 言い分を復唱することにも気持ちを鎮める効果があります。

NG対応

「そちらの勘違いではありませんか？」
「おっしゃっている意味がよくわかりません」
「そちらの責任ですので、こちらでは保障できません」
「こちらのミスではないと思いますので、対応いたしかねますが」
「それは違います」
「そう言われましても…」

POINT 相手のクレームを否定する言葉はNGです。たとえ相手の主張が間違っていると思っても、いきなり反論して相手の面目をつぶすのは逆効果。まずは謝って話を聞くことが大切です。

地方自治体（地方公共団体）　一定の地域と住民を基礎として、住民の自治によりその地の行政を行う団体。都道府県や市町村などの普通地方公共団体のほか、特別区、財産区などの特別地方公共団体がある。

電話のかけ方①

きまりとマナー［きほん編］

事前準備と気づかいで好印象に

電話をかけるときの前提は「相手も忙しく仕事をしている」ということです。電話を受けるときにあなたが仕事中であるように、相手もただ電話を待っているわけではありません。自分の仕事を中断し、貴重な時間を割いて自分と接してくれていることを念頭におきましょう。ここで重要なのが、いかに用件を的確にコンパクトに伝えるかです。また、その用件が本当に電話ですませてよいかという判断も必要です。お願いごとや複雑な内容などは、直接会って話をしないと失礼だったり、伝わらなかったりすることもあるからです。

これらを検討し、事前準備ができたら、代表番号にかけるか直通番号にかけるかを判断し、社名、部署名、氏名なども確認します。相手の就業形態はさまざまですので、もっとも落ち着いて話せる時間帯を選ぶ配慮も必要です。

電話をかけるのは就業時間内に

相手の就業時間外に電話をするのは失礼です。以下の基本ルールを守りましょう。

- 朝…始業時間直後は、朝礼やミーティングをする可能性も考えて避ける
- 昼休みの時間は避ける
- やむを得ず18時以降にかけるときは、遅くにかける非礼を詫びる

留守番電話にはこう対応

電話をかけて留守番電話だったときも慌てないように、準備をしておきましょう。

❶ 自分の企業名
❷ 自分の名前
❸ 用件（手短に）
❹ 自分の電話番号（2回繰り返す）
❺ 締めのあいさつ
「では、また後ほどお電話いたします。よろしくお願いいたします」

携帯電話であれば最初に「こちら○○様の携帯電話で間違いないでしょうか」とひと言添えます。

基本の流れ

1 用件をまとめる

先方の電話番号、会社名、所属部署、担当者名などを確認し、伝えたいことをメモにまとめます。そして必要な書類や資料などを手もとに用意してからかけます。

「わたくし、△△社の○○と申します。いつもお世話になっております」

POINT 第一声で、まず自分の会社名・名前を告げます。

2 取り次いでもらう

「お忙しいところ恐れ入りますが、××課の□□様をお願いいたします」

POINT 同じ姓の人が複数いる可能性を考慮し、相手の部署名も伝えます。

3 先方が出たら

●まずあいさつ

「□□様でいらっしゃいますか。いつもお世話になっております。△△社の○○です」

POINT いきなり用件に入るのではなく、再度名前を告げます。

●用件のトピックと相手への配慮

「さっそくですが、〜〜の件で3点ほど確認したいことがございます。ただ今お時間よろしいでしょうか？」

POINT どんな用件の電話なのか、どのくらいの分量なのかをあらかじめ伝えます。相手が電話で話せる状況なのかも確認。

●用件を話す

「まず1点目なのですが…」

POINT 長々と話すのではなく、1つずつの要点を区切って話しましょう。

電話が長くなるときは

× 早口で全部話す。

○「少し長くなってしまうかもしれませんが、よろしいですか？」

◎ 3点ほどお聞きしたいことがございます。10分ほどお時間を頂きたいのですが、よろしいでしょうか？

POINT 相手にも都合があります。どんな用件でどれくらい時間がかかるのか明確に示し、都合を聞きます。

自社の相手にかける

×「もしもし？ ○○です」

○「お疲れ様です。○○です」

◎ お疲れ様です。○○です。ただ今お時間よろしいですか？」

POINT 社内の人であっても、今話せる状態かを確認することが大事。

自宅にいる人にかける

×「もしもし？△△社の○○です」

○「お休みのところ申し訳ございません。△△社の○○です」

◎ せっかくのお休み中に申し訳ございません。△△会社の○○です。至急××の件でご相談がありまして、お電話させて頂きました。ただ今お時間よろしいですか？

POINT 自宅にいるということは、相手は休みを取っているということ。休み中に電話をかける非礼を謝り、至急連絡が取りたかった旨を伝えます。今話せるかどうかの確認も必須。

政令指定都市　政令によって指定された人口50万人以上の都市。福祉・衛生・都市計画・国道や県道の管理など市民生活に直結する事務や権限が都道府県より委譲され、行政区も設けられる。

電話のかけ方②

営業電話のかけ方

まず親近感を抱かせることに全力を注ぐ

営業目的で電話をかけるときは緊張が先立ち、自分の目的を達成することばかりに気を取られがちです。しかし、そんな自分本位の話し方では相手と打ち解けられませんし、話を聞いてもらうことすら困難。電話だけで目的を達することを考えるのではなく、まずは目の前のゴールを「会ってもらうこと」に設定しましょう。顔を合わせて話すことを目標に、それができる信頼関係を築くことに力を入れます。会ってもらうためには、一度の電話で諦めてはいけません。相手の都合を最優先にし、まず自分の名前を覚えてもらい、随所で相手の名前を呼ぶことで親近感を抱かせ、徐々に打ち解けるようにします。

また、すでに電話で何度か話している間柄だったとしても、直接会って話をするとさらに印象がよくなることもあります。直接会うという手段のほかにもメール、電話、FAXなど、さまざまなアプローチ方法があるので、それぞれのメリット・デメリットを理解し、使い分けましょう。

相手が不在のとき

●かけ直す

原則的には、かけた方がかけ直します。
戻り時間を確認し、何時くらいにかけるかを伝えます。

> それではまた、□時ごろにお電話をかけ直させて頂きます

●相手に連絡を取ってもらうよう頼む

緊急に連絡を取りたい場合、電話に出た人に頼んで連絡を取ってもらいます。

> 緊急の用件なので、大変お手数ですが
> ○○様に連絡を取って頂くことは可能ですか

●伝言してもらう

メモを用意してもらい、自分の会社名・名前・電話番号を伝え、用件を簡潔に伝えます。伝言を受けてくれた人の名前を聞くのを忘れずに。

> では、ご伝言をお願いしたいのですが、メモのご用意をお願いできますか

相手が面識のない人のとき

✕「わたくし、△△会社の○○です」

○「初めまして。わたくし、△△会社の○○と申します」

◎ おはようございます。お電話で失礼いたします。わたくし、△△会社の○○と申します

POINT 突然名乗るのではなく、クッションになるひと言を付け加えましょう。

用件の切り出し方

✕「で、××の件ですが…」

○「××についてお話させて頂きたいのですが…」

◎ さっそくですが、本日は××についてお話させて頂きたく、お電話いたしました。今、お時間はよろしいでしょうか？

POINT これから具体的に何を話そうとしているのかを明確にし、相手の都合を聞きます。

再度かけても相手が不在のとき

✕「折り返してほしいのですが」

◎ 先ほどもお電話差し上げました△△社の○○と申します。こちらからのお願いの電話ですので、また後ほどお電話を差し上げます。大変恐縮ですが、電話があった旨お伝え願えますでしょうか

POINT こちらから電話をしているのですから、かけ直してもらうのはマナー違反。先方が折り返すと言ってくれても、またこちらからかける旨を伝えます。

要求を伝えるときは

✕「□□をしてください」「□□をお願いします」

○「□□して頂けませんでしょうか？」
「□□をお願いしてもよろしいでしょうか？」

◎ お忙しいところ恐縮ですが、□□して頂いてもよろしいですか？

申し訳ございませんが、□□をお願いしてもよろしいでしょうか？

POINT 「申し訳ございませんが」というクッションを挟み、「□□してほしい」という「お願い」ではなく「□□してもらえませんか？」という「依頼」の形をとるとよいでしょう。

第三セクター　国や自治体（第一セクター）と民間企業（第二セクター）が共同出資し設立する事業体。第一セクターが行うべき事業に、民間の資金と技術を投入するもの。

英語の電話

応対のしかた

決まり文句を覚えて、焦らない、慌てない

グローバル化が進む昨今、会社や所属する部署によっては、英語の電話を受ける機会があるかもしれません。英会話が堪能な場合は問題ありませんが、いきなりの英語の電話に慌ててしまったり、しどろもどろになってしまう人も多いはず。焦って失礼な対応をしてしまわないよう、応対のしかたを覚えておきましょう。

英語の電話がかかってきたときの対処法としていちばん有効なのは、あらかじめ社内や部署内で英語の得意な人を調べておき、その人に代わってもらうことです。そうはいっても、そこに至るまでの決められたフレーズは暗記しておかなければなりません。ただでさえ電話は聞き取りにくいケースも多いので、丁寧にゆっくりと話すことを心がけましょう。

絶対にやってはいけないのが、英語を話せるような「ふり」をしてしまうこと。会社の信用を失うことになるばかりか、大きな損失を与えることにもなりかねません。

ビジネスでよく使う英単語

会社 office
会議 meeting
所在地 location
給与 salary
施設 facility
本社 headquarters
総務部 General Affairs Department
人事部 Personal Department
経理部 General Accounting Department
営業部 Sales Department
技術部 Engineering Department
社長 president
副社長 executive vice president
部長 general manager
次長 deputy general manager
課長 manager
係長 chief clerk
秘書 secretary
弁護士 attorney
広告 advertising
営業 sales
企画 planning
金融 finance

覚えておくと便利なフレーズ

- **I'm sorry but I can't follow you. Could you speak more slowly?**
  申し訳ございません。あなたのおっしゃることがわかりません。
  もっとゆっくり話して頂けますか？
- **I'm sorry .Could you say that again?**
  申し訳ございません。もう一度言って頂けますか？
- **May I ask who's calling?**
  どちら様ですか？
- **Thank you for waiting.**
  お待たせいたしました

基本フレーズ

かかってきたとき

●名乗る

This is △△company.	「△△会社です」

●取り次ぐ

Who's speaking,please?	「どちら様ですか？」
May I help you?	「ご用件はなんですか？」
I'll get you an English speaker.	「英語の話せる人に代わります」
There's no one here who speaks English.	「ここには英語の話せる人はいません」
Just a moment please.	「少々お待ちください」
Hold on please.	「そのままお待ちください」
Mr.Suzuki is out.	「鈴木は出かけています」

（日本語では「鈴木」と敬称なしで呼びますが、英語では必ずMr.Ms.をつけます）

His line is busy.	「彼は電話中です」

かけるとき

●相手を確認する

Hello, is this △△Company?	「もしもし、△△会社ですか？」
This is Suzuki from ××Company.	「私は××社の鈴木です」
May I speak to Mr. Tanaka?	「田中さんをお願いできますか？」
Excuse me,Can you change a person who speaks Japanese?	「日本語の話せる人と代わって頂けますか？」

切るとき

Thank you for calling, Mr.○○.	「○○さん、お電話ありがとうございました」

NG

● "I can't speak English. "を連発する　●黙って切る　●無言で保留を押す

陪審制　法律を専門としない一般国民が、裁判の審理に参与する制度。正式起訴をするかどうか決める起訴陪審（大陪審）、審理に立ち会ったのち評決を行う公判陪審（小陪審）がある。

携帯電話での応対

ビジネスシーンでの使い方

社用とプライベートを切り替えよう

日常生活はもちろんですが、ビジネスシーンでも携帯電話は必須アイテムです。プライベートでの使用頻度が高いほどうっかりしたミスをしがちなので、携帯電話に出るときはあらかじめ番号を見て相手をしっかり確認し、頭をビジネスモードに切り替えましょう。

基本として押さえておきたいのが、仕事で携帯電話を使うときはオフィスの電話以上にマナーへの配慮が必要ということです。

携帯電話は、いつでも、どこでも、ダイレクトに連絡を取れるからこそ、自分の都合を優先してしまいがち。相手が落ち着いて話せる状態か、話せる時間帯か、通話を保持できる電波状況か…など、かける側、受ける側にかかわらず相手の状況をつねに想像し、思いやることが高い評価と好印象を作ります。

携帯電話の基本マナー
（会社から仕事用の携帯電話を支給されているとき）

- **出るときは社名・自分の名前を告げる**
  オフィスにある電話と同じ受け方をします。
- **勤務中は電源を入れておく**
  電源を切らなくてはならない場所以外では必ず電源を入れ、いつでも出られるようにしておきます。
- **重要な話には携帯電話を使わない**
  携帯電話での話し声は、他の人の耳に入りやすいもの。また、移動しながらや、周囲の音が気になる場所にいる場合は、金銭の話、機密事項などは話さないこと。
- **静かな場所からかける**
  外出先からかける場合は、相手の声をきちんと聞ける静かな場所を選びます。

携帯にかける・受ける

✕「もしもし？ □□さんですか？（かける側）」
⇔「もしもし？ だれですか？（受ける側）」

◎ いつもお世話になっております。わたくし、△△社の○○です。ただ今お時間よろしいでしょうか？（かける側）

⇔ いつもお世話になっております。××です（受ける側）

POINT 携帯電話でも固定電話でも基本的な対応は変わりません。ただし、相手が忙しかったり、話せない場所にいたりするかもしれません。「今よろしいですか？」のひと言は徹底します。

緊急の用件でかける

✕「もしもし、△△社の○○です。急ぎなのですけれども…」

◎ いつもお世話になっております。△△社の○○です。
お忙しいところ恐縮なのですが、□□の件で
至急お伺いしたいことがございまして、お電話いたしました。
ただ今よろしいでしょうか？

POINT 至急の電話なら、そのトピックを手短、かつ具体的に伝えることが必要です。そのうえで、相手の状況にも配慮しましょう。

留守番電話にメッセージを残す

✕「△△社の○○です。□□の件で、〜〜なんですけど…（ピーッ）」
最後まで吹き込めない。

◎ △△社の○○です、□□の件でお電話いたしました。またこちらからお電話差し上げますが、念のため電話番号を残させて頂きます。電話番号は090-＊＊＊＊-＊＊＊＊でございます（電話番号を復唱）。では、またお電話いたします。失礼いたします

POINT 名前やどんな用件で電話をしたのかを残す際に、念のため電話番号を残します。さらに、その際は間違わないよう、2回吹き込むとなおよいでしょう。

自衛権　外国から急迫・不正な侵害が行われたとき、国家が自国および自国民を守るために、必要な限度内で防衛行動をとってもよいと定める、国際法上の権利をいう。

コラム

聞き取りやすい話し方って…？

適度な間を取り、ゆっくりと

話術の大切なポイントは「聞き取りやすさ」です。どんな話題でも、たたみかけるように早口で話せば押しつけがましい印象を与えますし、相手は疲れてしまいます。聞く人があいづちを打ちやすいように話を短めに区切りながら、適度な間を取ってゆっくり話すと安心感が生まれ、リラックスして聞いてもらえます。話を振られたときも即答は避け、ワンテンポ置いて答えた方が丁寧な印象を与えられます。

ただし、上司に仕事の報告や連絡をする際には、話すテンポを少し上げ、要点をまとめて簡潔に伝えるようにします。報告や連絡は、スピードとわかりやすさとが要求されるもの。てきぱきと仕事をこなす能力があるかどうか問われるときでもあると心得ましょう。

発声と抑揚を意識して

はっきりとした聞き取りやすい発声は、よい姿勢から生まれます。それらは誠実さや自信の表われにもつながり、相手に好感を与えます。背すじをまっすぐに保ち、語尾までしっかりと滑舌よく発声するよう、まずは意識してみましょう。発声法や腹式呼吸の練習をしておくと、さらに効果的です。

それでも、ずっと同じ調子で話していては相手は飽きてしまい、重要な点もうまく伝わりません。そこで大切なのが話の緩急、声の高低といった「抑揚」です。重要な部分は、大きめの声でゆっくりと強調するように、また、あいさつは高めの明るい声で、説得するときなどには低めの落ち着いた声でというように、意識して使い分けましょう。

PART 3

仕事のきほん「ホウレンソウ」を極めよう

ビジネス会話の実践！　仕事に不可欠

BUSINESS
MANNERS

「ホウレンソウ」とは

報告・連絡・相談の役割

「ホウレンソウ」はできる社員の第一歩

学生時代のコミュニケーションの取り方と、社会人になってからのそれとは、決定的な違いがあります。学生時代は、気の合う人、一緒にいて楽しい人とだけ付き合っていればすみましたが、社会に出てからはそういうわけにはいきません。世代も価値観もバックグラウンドも違う人や、苦手な人や、気が合わない人ともコミュニケーションを取っていかなければ、仕事が円滑に進まないからです。

そのためにまず習得しておきたい仕事の技術が「ホウレンソウ」です。「ホウレンソウ」とは、報告、連絡、相談の略で、ビジネスパーソンのコミュニケーションスキルの基礎中の基礎であり、なおかつもっとも重要なものです。「ホウレンソウ」は、日々繰り返すことで身につけられるビジネスマナーであり、鍛えることのできる能力でもあります。ビジネスパーソンたるもの、つねに「ホウレンソウ」を意識して行動するよう心がけましょう。

「5W3H」を使いこなそう

正確なホウレンソウを行うためには、5W3Hが重要です。
いつも意識しながらメモを取る習慣をつけましょう。

- **When** いつ
- **Where** どこで
- **Who** だれが
- **What** なにを
- **Why** なぜ
- **How** どのように
- **How many** いくつ
- **How much** いくら

（例）
△△社の○○さんから電話があり、
だれ
新製品全種類のサンプルを、社内会議に使いたいので
なにを　なぜ
○月×日の14時までに2個ずつ用意して、
いつまでに　いくつ
宅配便で届けて欲しいとのことでした。
どのように

報告 悪いことも隠さず報告

報告は、相手のタイミングをみはからい、結論・その経過という順番で要点をしぼって話します。悪い結果こそ早めに報告するようにし、上司の指示を受けます。

連絡 必要なことを必要な人に連絡

連絡は、情報を共有するため必要不可欠なもの。最初のうちはどんな小さなことでも迷わず連絡します。特に日程、時間、数量等の変更に関する連絡は最優先で行います。

相談 不安になったら必ず相談

判断に迷うとき、不安材料があるときは、すぐに上司に相談します。早めに相談することで、未然に損失を防げるケースもあります。相手のタイミングをはかるのも大切ですが、緊急事態の場合はすぐに相談を。

報告と連絡の違い

ホウレンソウでいちばん混同しやすいのが、報告と連絡です。内容に合わせて、間違えずに伝えましょう。

●報告
今、起きていることや過去の結果など、「過去～現在」のことを伝える

●連絡
これから先の予定など「未来」のことを伝える

たとえば、遅刻することを事前に伝えるのは連絡ですが、遅刻したことを後から伝えるのは報告です。

あなたはちゃんとできている？ ホウレンソウチェックシート

報告
- □ 相手のタイミングに配慮して報告している
- □ 5W3Hを意識して報告している
- □ 聞かれる前に報告している
- □ 正直な報告をしている
- □ 必要な参考資料を添付して報告している

連絡
- □ 連絡すべきことが起こった時点ですぐに連絡している
- □ 5W3Hを意識して連絡している
- □ 重要な連絡は確実に伝わるように配慮して連絡している
- □ 特に数字は正確に伝わるように気をつけて連絡している
- □ だれになにを連絡すべきか、優先順位を意識して連絡している

相談
- □ 相手の状況を考え、タイミングよく相談している
- □ 5W3Hを意識して相談している
- □ 自分の考えをまとめてから相談している
- □ 迷ったり悩んだりしたら、事態が悪くなる前に相談している
- □ 相談をした人に結果を報告している

マニフェスト 政党や候補者が、政策目標を示した公約書。2003年4月の統一地方選挙の際、達成目標・手段・財源を住民に約束するマニフェストが提唱されたことによって注目された。

報告①

報告とは［きほん編］

まずはスピードが重要

報告する際に、尻込みする必要はありません。初めのうちは「こんなこと…」と思うようなことも報告するくらいでちょうどいいのです。結果報告、中間報告、変更報告はもちろん、ミスを犯したなどの緊急時は直ちに報告が必要。「今、お時間よろしいでしょうか」などと相手の都合を聞き、スピーディーに報告します。

外出の頻度の高い仕事なら、電話での報告も多くなるでしょう。そのときも「○○の件についてですが」と報告すべき要件を明らかにしてから話し始めましょう。また、報告時に上司が不在なら「今、○○にいます。××の件の報告で電話しました」と、居場所や報告内容を告げます。そして上司がいつ戻るかを確認し、再度電話するか帰社してから報告するかを伝えましょう。念のため、伝言を託した人の名前も確認します。

緊急の場合は、折り返し電話をかけてもらうように伝えることも忘れてはいけません。

自分の意見を述べる場合は

業務報告の後で、自分なりの意見や提案があればそれを伝えるのもいいでしょう。ただし、その場合は報告の最後に「これは私の意見ですが…」などと前置きし、客観的事実と混同させないよう気をつけます。また、あいまいな言い方をしたり、憶測を言ったりしないようにします。

的確な報告をするために

　正しい言葉づかいで、事実をありのままに伝えることを心がけましょう。また、うつむきながらボソボソ話したり、自信なさそうに話したりすると、報告内容の信憑性すら疑われかねません。もし迷いがあったり不安があったりするようなら、その点も包み隠さず伝えるべきです。

　「○○について不安が残っているのですが」「○○は××にすればもっと上手くできたと思います」など、思っていることをはっきり言った方が、信頼できるよい報告になります。

ポイント	悪い報告／良い報告
主語をきちんとつける	✕ できました ○ ××の件、でき上がりました
敬語を正しく使う	✕ この書類、これでいいっすか？ ○ この書類は、こちらでよろしいでしょうか
まず、相手の都合を聞く	✕ ××の件でご報告いたします ○ 今お時間よろしいでしょうか ××の件についてご報告いたします
中間報告のポイントは明確に	✕ ××はまだ終わっていません ○ ××は□□の部分で滞っており、まだ予定の半分しか終わっていません
簡潔にわかりやすく伝える	✕ 今日は山田さんと青山さんがいらして、それで××について話したのですが、それというのも今日は□□会議で…… ○ 本日は××についての□□会議で、 山田さんと青山さんがいらっしゃいました
急を要す場合は、とにかくすばやく	✕（会議中だから終わるまで待っていよう…） ○ 会議中失礼します。○○さん、 ××の件で緊急にご報告したいことがあります
正確にわかりやすく伝える	✕ ○○さんから電話がありました ○ △△社の○○さんから□□の件について お聞きしたいとのお電話を×時ごろ頂きました
会議は結果だけでなく過程も伝える	✕ 先日の会議では○○という結論が出ました ○ 先日の会議では△△、××、□□などのアイデアも 出ましたが、結果として○○という意見にまとまりました
業務に合った報告をすること	✕ 昨日の接待で○○さんにはかなり喜んでもらえたので、 契約いけそうです ○ 昨日の接待で○○さんには××とおっしゃって頂きました。 私の意見では、今度の契約はOKして頂けそうです

三権分立　国家権力の乱用を防ぐため、立法権・行政権・司法権を独立した機関に担当させ、互いに抑制と均衡をはかろうとするもの。日本のほかイギリスの議院内閣制、アメリカの大統領制などがある。

報告②

トラブルのときの報告

悪い内容こそ、最優先

だれでも困ったときや失敗したときの報告はしにくいものです。とはいえ、自分でなんとかしようと抱え込んだままでいたら事態が悪化してしまった…というのは最悪のパターンです。自分の言動すべてが会社の利益に直結しているということを自覚しましょう。

とかくビジネスの場では、時間はシビアに流れていきます。報告が滞ったことで、取り返しのつかないことにもなりかねません。反省は報告後で充分。まずは会社の不利益にならぬよう、迅速に報告すべきです。ミスや報告しづらいことなど、自分が言いにくい事柄こそ上司の求めている報告、と心得ましょう。

報告で重要なのは、ありのままの事実を迅速に伝えることですが、かといって考えなしに話をしても相手は理解できません。相手、現状、原因、特記事項、問題点など自分なりに伝わりやすく工夫した報告用の項目を決めておくと、とっさの場合でも慌てずにすみます。

トラブルを防ぐためのコツ

- 報告は、経過・中間・結果の3種類。日ごろからまめに行う習慣を
- アクシデントが起こったときほど最優先に
- 悪いこと、失敗したことでも包み隠さず知らせる
- 悪い報告は上司に直接報告

こんな報告は困る

50代男性（商社）

① あいまいで結論がよくわからない
② タイミングが遅い
③ 客観的でなく、
自分の意見しか述べられていない
④ 上司が声をかけないと報告しない
⑤ 上司の都合を無視している

悪い報告を早く持ってくる部下ほど評価します。ただし、何度も悪い報告ばかりではNG。

緊急事態のとき

① トラブルが発生

落ち着いて、なにが起こっているか事実をつかみます。慌てないこと。

② 上司に報告

手違いや原因を隠さずに報告し、謝罪します。責任転嫁、言い訳はNG。

③ 善後策を考える

原因を探り、再度繰り返さないように対処法を考えます。反省したら、いつまでも引きずらないことです。

悪い報告・言いにくい内容の報告

✕「私は××だと思ったのですが、間違っていました」
「言われたとおりにやったら、間違っていました」
「おかしいとは思ったのですが…」

○「申し訳ございません。××でミスが発生しました」

◎ **申し訳ございません。□□の手違いで、○○のミスが起きました**

NG 責任転嫁したり、他人事のように扱ったり、言い訳を並べたりしてはいけません。誠意を込めて謝罪し、事実を客観的に述べましょう。

POINT 上司が知りたいのは、なにが起こっているのかという事態です。自分の意見を言う前に、事実関係や全体像を明確に伝えましょう。

報告時のNGワード

- ●〜とか「明日、お伺いするとか言っておきました」
- ●〜けど「やっておきましたけど」
- ●一応　「一応、終わりました」

報告するときには、あいまいな表現を使うのはやめましょう。また、「たぶん〜」「〜だと思います」などの推測や想像、うわさではなく事実だけを伝えます。

こんな態度はNG！

トラブルを報告するとき、泣いたり、ふてくされたりするのは厳禁。社会人として失格です。どんなに動揺しても、できるだけ冷静に、現状を把握して伝えるよう心がけましょう。

CSR〔Corporate Social Responsibility〕企業の社会的責任。環境報告書や持続可能性報告書の発行など、環境への配慮や社会的公正を取り入れ利害関係者への責任を果たす経営理念のこと。

連絡①

連絡とは［きほん編］

連絡上手は時間の使い方も上手

社内でもっとも多い連絡は、その日の予定や今後のスケジュールを伝えることです。経験が浅いうちは、特にまめに連絡をしましょう。自己判断での勝手な行動はトラブルのもととなるので、仕事の現状をつねに上司に把握してもらいます。こまめな連絡にすることは、仕事をきちんとしていることのアピールにつながります。

また、トラブルやアクシデントに見舞われたときにも、連絡が重要。なにか起こってもフォロー態勢がすぐに敷けるため、損害を最小限に抑えられます。このように、めんどうそうに思えるこまめな連絡によって、仕事の段取りが修正され、効率的な時間の使い方ができるようになるのです。

また、ビジネスパーソンとして仕事をする以上、自分が就業時間中にどこでなにをするのかを会社に知らせておくのは職務の一つです。自分が成長するためのタスクと考え、まめな連絡を習慣にしましょう。

連絡のポイント

❶ 声は大きくはっきりと

❷ メモを取る

❸ 日時は復唱して確認

❹ 相手が話をできるタイミングか確認する

❺ 結論から簡潔に述べる

直行するときの連絡

●始業時刻前に電話

◎ おはようございます。
昨日、届けを出しましたが、
本日は直行です。これから
△△会社さんに伺います。
帰社は10時の予定です

直帰するときの連絡

●業務終了後に電話

◎ お疲れ様でございます。
本日の訪問はこれで終了いたしました。訪問結果を報告します

明日の連絡事項などはありますか

それではお先に失礼させて頂きます

POINT 日程、スケジュールの変更などは、ただちに連絡すべきことです。組織をうまく回すためにも、勝手な判断は下さず、適宜、上司の判断を仰ぎましょう。クリップボードの記入やメモを置いておくだけでは、きちんと伝わらないこともあるので注意が必要です。また、直帰するときは、自分あての連絡がないかも確認します。

他の人に伝言するとき

連絡する相手が不在のときは、伝言します。
ただし重要な連絡のときは、
伝言漏れがないよう、後で必ず本人に確認します。

電話連絡での注意点

1. 周囲に人がいることも考え、機密事項は言わない
2. 伝言したときは、再度かけ直して本人に直接確認する
3. 伝言した場合は、相手に復唱してもらい、しっかり確認
4. 伝言を託した人には、必ずお礼の言葉を添える

タスクフォース　ある課題を達成するために結成される組織のことをいい、緊急性の高い問題を処理する。プロジェクトチームと同義だが、こちらは長期にわたる大きなテーマを取り扱うもの。

連絡②

上司に伝える

複数の手段で確認を

いくらすぐに上司に知らせたいことがあっても、上司もあなたも会議や電話、外出などで忙しく、なかなか時間やタイミングが合わないというのはよくあること。そういうときは口頭以外にもメールやメモなど、複数の連絡手段で伝えるようにしましょう。その際気をつけることは、日時や要点がはっきりわかるよう簡潔に書くことです。

以下にその文例と要点を示します。

連絡とは、相手に届いてこそのもの。ちゃんと相手に届いたか確認しなければ意味はありません。重要な内容の場合は、必ず後で本人に口頭で確認を取るようにしましょう。

また逆に、上司と直接話せたときでも、後からメモやメールなどで、数字や場所、日時などの詳細を送っておくようにすれば、確認にもなるため万全です。

メールでの連絡

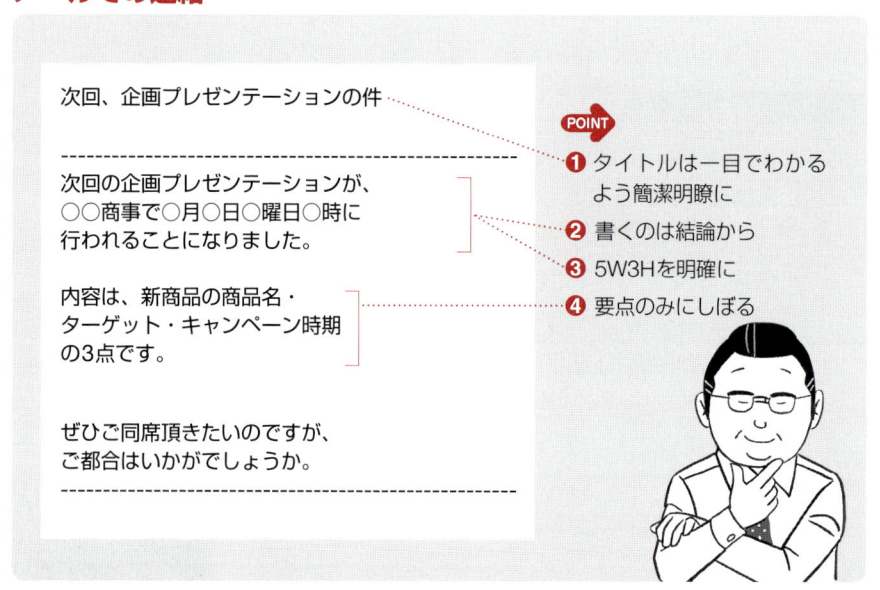

次回、企画プレゼンテーションの件

次回の企画プレゼンテーションが、
○○商事で○月○日○曜日○時に
行われることになりました。

内容は、新商品の商品名・
ターゲット・キャンペーン時期
の3点です。

ぜひご同席頂きたいのですが、
ご都合はいかがでしょうか。

POINT

❶ タイトルは一目でわかるよう簡潔明瞭に

❷ 書くのは結論から

❸ 5W3Hを明確に

❹ 要点のみにしぼる

連絡するときのきっかけフレーズ

すでにご存じかもしれませんが…

もうお聞きおよびかもしれませんが…

●急ぎの場合は…

お時間はとらせません。至急お知らせしたいことがあります

上司になかなか会えないときの連絡方法

1. 上司の上司、または上司の補佐的な役割の人に相談
2. メモや手紙、メールにする
3. 伝わるまで何度でも確認

電話・伝言では伝わりにくい内容のとき

◎ 今、△△社から連絡があったのですが、○月○日△時から、△△社の第一会議室で行う予定だった□□のプレゼンを、急遽○月△日○時に変更して欲しいとのことでした。場所は、同じく△△社の第二会議室だということです。この件に関しましては、今申し上げました詳細を念のためメールでお送りしておきますので、後ほどご確認頂けますか？

POINT 相手が出先でメモを取りにくいとき、連絡事項が複雑なとき、数字や日付が頻出するときは、口頭だけでなく、後からメールなどを送って内容を確認してもらうようにします。

公定歩合 その国の中央銀行（日本では日本銀行）が、民間の金融機関に貸出や手形割引を行うときに適用される基準金利。金融市場の通貨量や金利を調節する、もっとも機動的な手段とされる。

相談①

相談とは［きほん編］

経験＝知識の量。困ったら相談する

経験の浅いうちは判断に迷うことが多いものですが、困ったらすぐ上司や先輩に相談しましょう。もっとも避けたいのは「自分でどうにかしようと独断で動くこと」です。経験も知識も上司や先輩におよばない状態で、自分の判断に頼って無理に仕事を進めることは、無用な危険を招きます。

「とにかく自分でやってみろ」という社風のところもありますが、この場合でも相談することは間違ってはいません。判断できないこと、困ったことがあれば早めに相談することを習慣づけておきましょう。

ただし「わからないからとにかく聞く」のではなく、まずは自分の考えをまとめるべきです。そのうえで、自分の判断について意見を求めましょう。

上手に相談できることは、ビジネスを円滑に進めるための重要なスキルです。

相談前にチェック

- □ 相手の都合、時間、場所なども考える
- □ なにが問題かを明確にしておく
- □ 質問や相談したい事柄をまず述べる
- □ ポイントをしぼって話す
- □ 結果を必ず報告する
- □「～したいと思うのですが…」と自分なりの意見を添える
- □ 同じような相談を繰り返さない
- □ 相手も忙しいことを考え、要点をまとめて聞く

考えてわからなかったらすぐに相談を！

40代男性（マスコミ）

もちろん、私も自分の仕事があるので「わからないからなんでもすぐ相談」されても困ります。でも経験の浅いうちは仕事も少ないので、わからないことがあると、そこで手が止まってしまうんですよね。しばらく見ていると、ちょっと手が動いて、また止まって迷う…。

自分なりに考えるのはいいことですが、わからないままに動き始めるのは効率が悪いうえ、ときに危険を伴うことも。こんなときは早めに相談に来てもらいたいものです。

相談のステップ

まずは「相談させて頂きたいのですが、お時間よろしいでしょうか？」と都合を尋ねます。相談は報告や連絡と違い時間がかかりがちです。
あらかじめ相談があると伝え、スケジュールを都合してもらいます。

○○の件についてお聞きしたいことが3点ほどあります。

1点目は○○についてです。××の部分がわからないのですが。

私としてはこのように進めればいいのではないか、と思っているのですがいかがでしょうか？

1 用件を告げる
伝えたい事柄が複数なら、案件の数を。

2 相談内容が明確にわかるよう切り出す
伝わりやすいように、事前にポイントを明確にしたメモを作っておくといいでしょう。

3 自分の意見を加えて相談内容を話す
自分の考えを話すことは相手に刺激を与えることにもなり、よりよい答えをもらう礎にもなります。意見を述べず、言われたままに実行するだけでは、自らの成長につながらないばかりか、後悔することにもなりかねません。

相談の切り出し方

× 「これ、自分の担当じゃないとこなんで、わかんないです」

○ 「この件の○○の部分がわかりかねたので、ご相談したいのですが、よろしいですか？」

◎ ただ今お時間よろしいですか？　今日○○社との会議でこの件の××についてこのように請求されたのですが、どう対応すべきかわかりかねたので、ご相談させてください

POINT だれにどの件について、なにを言われたのか、なにがわからなかったのかを明確にして相談するとよいでしょう。

自分では処理しきれない内容のときは

〈社外の人に対して〉

× 「ちょっと自分ではよくわからないので…」

○ 「申し訳ございません。この件に関しましてはいったん持ち帰らせてください」

◎ 申し訳ございません。私ではわかりかねますので、
一度確認させて頂きたいと思います。
できしだい、こちらから再度ご連絡差し上げます

明日までには確実な返事をいたしますので
いったん持ち帰らせてください

POINT 適当にごまかしてはいけません。正直に相談しないとわからない旨を伝えましょう。ただし、すぐに「上司」を持ち出すと、仕事ができない人と思われてしまいます。

ステークホルダー　株主・取引先・従業員・消費者など、企業に対して利害関係をもつ人や法人を意味する。広く企業を囲む地域社会までを含めて使われる場合が多く、CSR（P.55参照）の考え方に導入されている。

相談②

わかりやすい指示を仰ぐには

コミュニケーションの密度が大切

抱えている悩みがあり、相談できる相手が2人いるとします。1人は入社3年目の先輩。日ごろから仲がよく、仕事後に飲みにも行きます。もう1人は上司。知識、経験ともに豊富ですが、あまり話をしたことがありません。どちらに相談した方がわかりやすい答えが得られるでしょうか。おそらく先輩の方がわかりやすい答えを出してくれます。なぜなら先輩はあなたのことをよく知っているので、あなたのわかりやすい話し方で相談に乗ってくれるからです。また、あなた自身も身近な先輩からの答えが理解しやすいはずです。

そうは言っても、なんでも年の近い先輩に相談すればよいというわけではありません。上司や年長者にはその人たちにしかない長年の経験と蓄積があります。「話しやすいから」と年の近い先輩にばかり相談するのではなく、年長者に持ちかけることで、新たな発見や知識を吸収できるのです。

年長者ともコミュニケーションを

現代の若者は同世代との付き合いが多いため、年長者に感じる違和感のすべてをジェネレーションギャップと安易に結論づけがちです。しかし、じつはそうではなく、相互理解が不足していることの方が圧倒的に多いのです。

お互いの理解を深めるためには、まず話し方や態度などのマナーを身につけ、年長者ともこまめにコミュニケーションできる下地を作りましょう。そのうえでどんどん年長者に話しかけるようにすれば、わかりやすい答えをくれる相談相手という、得がたい財産を増やすことができます。

敬遠しないで相談を

50代男性（マスコミ）

最近は、若手側からコミュニケーションを取らなくなっていると思います。飲みに誘うこともありますが、私に気をつかうばかりなんですよね。

年長者や上司にある程度の尊厳は必要だと思いますし、若手はそれに敬意を払うべきです。でも役職や年齢にではなく、能力や取り組み方など個人の資質を見て欲しいですね。そして、もっともっといろんなことを相談してきて欲しいと思います。それぞれの若手が上司である私を評価し、尊敬できる部分を吸収しようとしてくれれば、いい関係が築けると思います。

親密度で相談できる範囲も変わる！

会社に入り、尊敬できる人物と出会うことができたのなら、自分自身の人間性を向上させるいいチャンスになります。相手との親密度によって、相談できる内容もさまざまです。

人間性向上のためにも上司や先輩と仲よくなり、自分の幅を広げましょう。

親密度 普通　通常の業務で出る相談ごと

①調べてもわからないこと
②対応しきれないクレーム
③優先順位を判断しかねる仕事のとき
④取引先から自分にとって前例のない要求をされた
⑤交渉の場で想定外の金額を提示された

親密度 高　仲よくなればこんな相談もOK

①仕事に対する気持ち
②仕事への不満・感じていること
③他部署に回してもらいたい
④将来の希望

上司が相談に乗ってくれない

部下の育成も上司の仕事の一環です。ですから、本来は相談に乗ってくれないという状況はあまり起こらないはずです。しかし上司も人の子。好き嫌いもあるかもしれませんし、仕事の忙しさによっては相談に乗っている暇もないということも考えられます。まずは以下の点に注意し、自分の行動を振り返ってみましょう。

- □ 普段からコミュニケーションをきちんと取っているか
- □ 迅速かつ的確な相談を行っているか
- □ 日ごろの態度、言葉づかい、身なりに失礼な点はないか
- □ メモなどを持ち、「勉強させてもらう」という姿勢を見せているか
- □ どうでもいい相談が続いていなかったか

✕「なんで相談に乗ってくれないんですか？」

◎ 今、どうしても○○係長に相談に乗って頂きたいことがあるのですが…

セーフガード　ある品の輸入量が自国の生産者に重大な損害を与えるほど急増した場合、生産者を保護するために、関税の引き上げや量の調整などによりその品の輸入を一時的に制限する措置。

コラム

雑談にふさわしい話題って…？

世代の違う相手との会話

学生時代には、同年代の友人に囲まれています。年代が同じということは、価値観もほぼ同じであるということです。そうした集団では、話題を特に選ばなくても差しさわりなく話が通じるものですが、社会人となるとそうはいきません。あいさつに続けて、会議や打ち合わせの前後や人を待つ間、休憩時間など、上司、先輩、取引先の人たちなど、世代の違う相手と軽い話を交わす機会が無数にあります。初対面の相手とも会話が弾むように、仕事以外の話題を用意しておきましょう。ビジネスの場にふさわしい話題の奥義を、紹介します。

奥義「木戸に立てかけし衣食住」

「キ」は季節、気候など。「ド」は釣りや映画などの**道楽**、趣味を指します。「ニ」は**ニュース**、「タ」は土地の名所や特産品など**旅**の話題、「テ」は**テレビ番組**や芸能人について。「カ」は**家族**構成や共通の友人など、「ケ」は**健康**にまつわるもの、「シ」は広く業界全体までを含む**仕事**に関する話題です。「衣食住」はそのまま**ファッション**、**食べもの**、**住まい**を表しますが、たとえば「住」なら、相手の住まいや出身地を尋ねる、職場や自宅に伺ったのであればインテリアをほめる、窓から見える風景に触れる、出張先ならその地の特産品について伺う…など、いろいろな方向に応用することができます。

これらの話題から話をふくらませるための予備知識として、本書P.184から「各都道府県の特色」、P.188から「世代の違う人と話すために」をまとめてあります。参考にしてください。

PART 4

社内での話し方

ワザありのひと言でポイントアップ！

BUSINESS
MANNERS

質問する

よい質問のしかたとは

主旨を明確にした質問を

自分の意見と相手の判断を照らし合わせる「相談」に対し、コピー機の使い方がわからない、□□の書類はどう書くのかなど、単に答えを求めるだけで意見や判断が不要なものが「質問」です。

FAXの使い方がわからないという人に対して「自分は〜と思う」という意見は必要なく、また考えればわかるというものでもありません。こんなことでもたもたするのは時間の浪費です。近くの人に質問しましょう。

質問の相手は、上司や先輩など、身近な人ばかりでなく、取引先の場合もあります。ここで必要となるのが、正しい言葉づかいとマナーです。どんな質問でも「どうやって使うのですか？」といった漠然とした尋ね方ではいけません。

「○○をしたいのですが、どうしたらいいですか」と目的と疑問を明確にしてから質問しましょう。

理解したら意思表示を

30代女性（メーカー）

「わからなくて当然」と思って質問してくる人が多いですね。入社したばかりで何にもわからないのは当たり前ですが、こっちも時間を割いて教えているのですから、申し訳ないという気持ちくらいは持っていて欲しいです。

それから、答えを理解したら「はい」と返事するだけでなく、しっかり「わかりました」と言ってもらいたいです。少なくとも理解しているかどうかくらいは、きっちり伝えて欲しいと思います。

こんな聞き方はダメ

50代男性（総合商社）

もっとも困るのが同じような質問を繰り返すタイプ。たとえば社内用の書類なんて、有給休暇申請だろうが宿泊出張申請だろうが大差ないんです。それなのに有給申請を教わった翌日に出張申請の書き方も教えてくれと来るわけです。「ほとんど同じだから書いてから持ってくればいいだろ？」と言うと「いえ、初めて書くので、一応聞いてからの方がいいかと思って」と言われ…。考えなしにすがられると、怒るよりも情けなくなります。

質問の前にチェックしてみよう

- □ 質問の前に「ただ今よろしいですか」と尋ねることを忘れない
- □ 聞くべきことの要点をまとめる
- □ 聞くべき相手か確認する
- □ 調べればわかることを質問しない
- □ 自分の考えがあれば「□□でよろしいですか」と述べる

上手な質問のしかた

✕「××について賛成ですか、反対ですか」
○「××について、どうお考えでしょうか」

✕「さっきの書類の作り方がわからないんですが」
○「先ほどの書類の件ですが、□□の部分はどのように作ればよろしいでしょうか」

✕「○日、空いてますか」
○「○日に××をしようと思っています。ぜひご一緒したいのですが、ご都合はいかがですか」

✕「このソフトの使い方教えてくれませんか」
○「□□を作成しようと思うのですが、このソフトの使い方を教えて頂けないでしょうか」

✕「この会社ってどうやって行けばいいんですか」
○「道が入り組んでいて不安です。目的地までのわかりやすい道筋、もしくは目印などはご存じですか」

わからない事柄について質問したいとき

✕「これ何ですか」

○「すみません、ちょっと質問ですが、この○○というのはどういう意味か教えて頂けませんか？」

◎ すみません、勉強不足でお恥ずかしいのですが
○○について、調べてもよくわからなかったので
お尋ねしてもよろしいでしょうか？

POINT 「人に聞く前に少しは自分で調べればいいのに」と思われないためにも、聞く前にきちんと自力で調べたという事実を伝えるのは大切です。

セクショナリズム　1つの組織のなかで自分の属する派閥や部局の意見のみに固執し、ほかの考え方と協調しようとしない排他的な傾向をいう。縄張り意識、セクト主義、派閥主義などがある。

依頼する

仕事を受けてもらうには

新人が仕事を依頼する立場になることもある

経験の浅い若手でも、配属先によっては、いきなり仕事を依頼する立場になることもあります。

そこで重要となるのが、依頼する立場となった自分自身が、相手より上位に立つわけではないことを自覚できているか、ということです。特に入社2～3年目で仕事に慣れてくると、いつの間にか横柄な態度になってしまうことも。こうなると、どんなに取りつくろっても、相手はあなたの気持ちを敏感に察してしまい、互いの関係が徐々に悪化することにもなりかねません。お互いの仕事を尊重し、尊敬し合える関係を築くことはとても重要です。つねに感謝の気持ちを示すことで、相手はあなたに好感を抱き、さまざまな面であなたに協力を惜しまない関係が築けるでしょう。

このような積み重ねが仕事をスムーズに進めるコツなのです。

依頼するときのポイント

●納期を伝える
仕事を依頼するときの必須事項です。納期をギリギリに設定するのではなく、万一に備え、余裕を持たせたスケジュールを立てましょう

●指示を出したらまめにチェックする
指示の出しっぱなしはNG。たとえ自分の予想外の状況になったとしても、まめにチェックしていれば軌道修正できます

●「助かります」「うれしいです」など、感謝の気持ちを伝える
感謝の気持ちをきちんと述べ、互いに気持ちよく仕事をしましょう。初めての相手ほど、反応が気になるもの。表情にも気を配りましょう

●ポイントは明確に
依頼内容のポイントは、正確に伝えなければいけません。いつまでに、なにを、どのようにしてもらいたいのか、具体的に言うようにします

●コツを伝える
やりやすい方法を知っているなら、アドバイスするのもいいでしょう。ただし、相手の方が詳しい場合も多々あるので、それをふまえて

別の部署の人に

✕「すみません。これ、お願いします」

○「お忙しいところ申し訳ございません。営業課の○○です。□□をお願いしたいのですが、よろしいでしょうか」

◎ お疲れ様です。営業課の○○です。
お忙しいところ大変恐縮です。
×日までに□□を
お願いしたいのですが、
よろしいでしょうか

POINT 他の部署の人に依頼する場合は、部としてのお願いになるので、より丁寧に接します。後輩、同僚、上司を問わず、言葉づかいに注意。

よく使うフレーズ

前置き	「お忙しいところ申し訳ございません」 「恐れ入りますが」
依頼の言葉	「お願いしたいことがあるのですが」 「お力を貸して頂けませんか」
締めの言葉	「ありがとうございます」 「よろしくお願いいたします」

こんなことにも気をつけて…

- 依頼した内容は、メモを取ってもらうか、最後に復唱してもらって確認する
- 依頼をした後も、ときどき進捗状況をチェックする
- 後輩や同僚に頼むときでも、威圧的にならないように
- 仕事が完了したときには、お礼の言葉は忘れずに

平和五原則 「領土と主権の相互尊重・相互不可侵・内政不干渉・平等互恵・平和的共存」。1954年、中国の周恩来首相とインドのネルー首相との共同声明で確認された、国際関係の5つの原則。

主張する

自分の意見の通し方

意見は結論から

仕事に慣れるにつれ「こうした方がよい」という自分の意見が出てきて、自分の主張を上司、先輩に通さなければいけない状況が出てきます。

このとき、気をつけなければならないのが、話し方です。声の大きさ、抑揚、話の順序、論点、伝える相手の性格、相手の自分に対する評価などをふまえたうえで話さなければ、自分の考えが経験の少なさゆえの暴走ととらえられてしまいかねません。しかも、相手に話が伝わらなければ、ただの「わがま」と一笑に付されてしまう可能性もあります。

ここでは意見を主張するときのポイントとなる順序や論点に的をしぼって紹介していきます。これを応用し、理屈で納得するタイプの人には起承転結をはっきりさせて主張し、感情を優先させるタイプの人には「こうした方が面白いですよね」と相手をその気にさせるような話し方にするなど、自分の主張が通りやすい論調を決めてから話を始めるようにしましょう。

主張や意見の組み立て方

結論 → 理由 → 裏づけ → まとめ

〈例〉

「私はA案がいいと思います。

その理由は△△だからです。

A案にすることで□□という効果も期待できます。

ですからA案を導入して頂きたいです」

自分の案を主張するとき

× 「私は□□の方が好きです」

○ 「私は□□が効果的ではないかと思います」

◎ **結論から申し上げると、□□が効果的です。理由は2点あります。まず××という現状があり、そして△△という前例があることです。この2点が、結論に至った根拠です**

POINT ビジネスの場では、論理的に話すよう心がけ「好き」「嫌い」などの感覚でものを言わないようにします。また、理由があるときは、順序立てて説明すると、相手にも伝わりやすくなります。

自分の意見を聞いてもらうときに気をつけること

- いつ話すか、タイミングをはかる
- コンパクトにまとめる
- どこで話すか、場所を選ぶ
- 相手を立てる
- 自分にも、相手にもよい案だと示す
- 相手に歩み寄る
- 必要な書類があれば用意する
- 数字を使うなど具体性を出す
- 相手の話を最後まで聞き、話の腰を折らない

相手に否定されたら

　ビジネスでは主張を否定されることも多いもの。
論拠もなく頭ごなしに「これじゃあダメだよ」と話を終わらせる上司もいるでしょう。
言われたほうは当然、腹立たしく感じますが、たいていの場合は
「説明すると長くなり過ぎる」「基礎知識を得たうえで、考えてからでないと
話が噛み合わない」などの理由があってこその否定なのです。
もし、相手に主張を否定されたとしても「何か必ず理由があるはず」と考え、
頑なに自分の意見を押し通したりせずに代案を出すのが賢明です。
どうしても納得できない場合も
やわらかく丁寧に話すといいでしょう。

◎ **ではこういうのはどうでしょう？**

私の考えが至らなくて申し訳ございません。今後の糧にしていきたいので、理由を伺えませんか

アセスメント　評価、査定。または事前評価。「環境アセスメント」といえば、地域開発などが行われる場合、周囲の自然環境におよぼすと思われる影響を、事前に測定評価することを意味する。

お礼を言う

気持ちよく仕事をするために

自分の心からの気持ちをプラスする

ビジネスは、人間どうしのつながりで形成されるものです。それだけに手伝ってくれたことや仕事をしてくれたことへの感謝は不可欠で、それを伝えることも忘れてはいけません。

本当に感謝しているのであれば、ありのままの言葉を相手に伝えることで、簡単に感謝の意を表せます。気持ちが強ければ、自然に「本当にありがとうございました。おかげで仕事がはかどりました。感謝しています」などの言葉が出てくるでしょう。

感謝や敬意など、ポジティブな感情を伝えることはとてもよいことです。お礼の言葉は、照れたり恥ずかしがったりせず、なるべく早く伝えるように心がけます。

敬語をふまえ、敬意をこめて、感謝している点を具体的に素直に自分の言葉でプラスすると、気持ちがより伝わります。

「すみません」ではなく「ありがとう」を

お礼の気持ちを伝えるときに「すみません」とつい言ってしまいがちです。「すみません」という言葉は「やって頂いて、恐縮です、申し訳ございません」という謝罪の意味合いが含まれます。お礼の気持ちを伝えるのに、持ってまわった言い方をする必要はありません。ストレートに感謝の気持ちを言った方が、相手にも伝わります。お礼を言うときはネガティブな言葉ではなく「ありがとう」と言いましょう。また「ありがとう」は何度言ってもよい言葉です。口にするほど相手にも伝わる、と考えましょう。

お礼の言葉にプラスアルファ

あの資料を貸してくださったおかげで、資格試験に合格しました。本当にうれしいです。心から感謝しています。ありがとうございました

POINT 「状況＋気持ち＋お礼の言葉」で伝えましょう。

相手によって言葉を使い分けて

ありがとうございます

感謝しています

お礼申し上げます

POINT 感謝の気持ちを伝えるときは、マナーを意識し過ぎるよりも、気持ちを素直に出した方が相手に喜ばれます。

他の部署の人に仕事をしてもらった

◎ ありがとうございました。
おかげでうまくいきました。
○○さんの仕事のやり方は
とても勉強になりました。
今後の参考にさせてもらいます

上司にほめられた

◎ ありがとうございます。
○○課長のご指導やみなさん
のご協力で頑張ることが
できました

仕事を代わってもらった

◎ お忙しいところ
ありがとうございました。
必ず○○さんに
お返しをさせて頂きます！

後輩・同僚に手伝ってもらった

× 「さっきは手伝ってもらってごめんね」

◎ さっきはどうもありがとう！
本当に助かったよ。○○さんも
なにかあったら声をかけてね

POINT 「すみません」「ごめんなさい」など申し訳ないという気持ちではなく、必ず「ありがとう」と感謝の言葉を伝えます。

取引先に来社してもらった

× 「部長、今日はどうもすみませんでした！」

◎ ○○部長、本日はわざわざ弊社
までご足労頂き、まことに
ありがとうございました

POINT もっとも丁寧な言い方で敬意をもってお礼を言い、失礼のない対応をするよう心がけましょう。

ワークシェアリング　雇用対策として、一人当たりの労働時間を減らし、仕事や賃金を多くの人で分け合うこと。不況時に一時的に行う「緊急対応型」、雇用形態を増やす「多様就業対応型」などがある。

指導する

後輩をやる気にさせる

押しつけるのではなく、道を指し示す

入社して1年たつと、たいてい後輩もでき、自然と指導する機会が増えますが、何でも教え込めばいいというものではありません。進むべき道を指し示し、その過程で試行錯誤させて経験を積ませることが必要です。

もちろん相談を受けたときには、道を誤っているようなら軌道修正してあげ、正しく進んでいるなら「大丈夫だよ」と安心させることも大切です。指導とはこのようなものであるということをイメージしてください。

教えるということは簡単そうで、とても難しいものです。指導する相手は後輩とはいえ、すでに一人の社会人です。その人の個性を理解したうえで指導しなければ、好結果は望めません。

これらをふまえたうえで、これから紹介するさまざまなポイントに気をつけて指導するように心がけましょう。

「とりあえず飛び込め！」は先輩の愛のムチ

30代男性（商社）

入社1年目に、得意先回りの営業をしたときのことです。先輩は「とりあえず自分で考えて飛び込んでみろ」と言うだけで何も教えてくれませんでした。結果はさんざんで、お客様にしどろもどろで接することになり、最後には追い出されてしまったのです。

その結果を報告すると、先輩は「やっぱりそうか」と言いました。そのときは先輩のやり方を「いじめて楽しんでいる」と思っていました。しかし、このときの経験から、営業のノウハウを自分自身で考え、どんなピンチにも柔軟に対応できる営業能力を身につけられたのです。

後からわかったのですが、その先輩は私に内緒で、あらかじめ各得意先に「うちの新人が何も知らずにおじゃまします」と連絡をしていたのです。そして、私を帰した後、再び得意先に「先ほどは申し訳ございませんでした」と一軒一軒事情を説明しながら謝罪して回っていたのです。

指導とは教えるだけでなく考えさせるのも必要、ということが後々、身にしみてわかりました。

新人に仕事を教えるポイント

新人にとっての仕事は、さまざまな緊張との闘いです。緊張したままでは自分の実力は発揮できません。

そこで最初は、まったくのゼロから教えるつもりで、丁寧にわかりやすく、そして緊張を解くような言葉を織りまぜながら指導するといいでしょう。下記の「やる気にさせるフレーズ」や、ときには自分の失敗談などをまじえて教えてあげましょう。

- 具体的な言葉で教える
- 相手の知識レベルに合わせる
- ゼロから順に確認をしながら丁寧に教える
- 「初めてのときは僕も難しくてできないと思ったんだよ」と同じ目線で話す
- 「最初はとまどうよね、わかるよ」と共感を示す
- 「○○さん」と相手の名前を呼びながら話し、安心感を与える

やる気にさせるフレーズ

- □□をしてくれたらうれしいな
- ○○さんだったらできるよ！
- 最初はだれだって不安なんだから気にすることないよ
- 失敗したってフォローするから大丈夫！
- 仕事覚えるの早いね！　優秀だなぁ
- 私が新人だったころは○○さんみたいにはできなかったよ
- 不安だったりわからないことがあったりしたら、すぐに言ってね

NG

やってはいけない指導の3か条

1. 高圧的な言い方をする
2. 「何でできないの？」と相手を追い詰める
3. 一方的な教え方をする

高圧的な言い方では相手が萎縮してしまい、仕事をなかなか覚えてくれません。また、教えてもわかってもらえないのは、教え方に問題があるかもしれないのに相手を責めるのはお門違い。大事なのは「ここまでのことはわかったかな。ちょっと説明してみて」などとポイントごとに確認することです。理解度がはかれるメリットに加え、そのつどフィードバックすることで理解を定着させられる効果もあります。

フレックスタイム制　自由勤務時間制。勤務時間数のみを定め、出退社時間は各自の自由とする勤務制度。必ず就労していなければならない時間帯「コアタイム」を設ける場合もある。

ほめる①

能力を引き出してあげるために

適切な回数で効果的に

草花を育てているときに「水をやり過ぎても枯れる」と言われた経験がだれしもあるでしょう。

「ほめる」とは、草花でいう水をやることと同意です。適切にほめるのは、相手をやる気にさせ、モチベーションを高めるという点で、とても有効です。

しかし、ほめ過ぎは自信過剰につながり、仕事を甘くみるなどの慢心につながることも。もちろんほめな過ぎても、仕事に手応えがなくなり、いずれはやる気を失うことになるでしょう。

「ほめる」「叱る」は指導するうえで大切な行為ですが、このバランスは相手によって変えなければいけませんし、自分のキャラクターによっても変わってきます。自分を知り、相手の性格をつかみ、叱られる緊張とほめられる緩和のバランスを見定めて、相手の成長を助ける指導を心がけましょう。

ちゃんと見ていてくれたと感激！

20代女性（総合商社）

いわゆる「デキるビジネスパーソン」って感じの先輩がいるのですが、ある日彼女から「ランチを一緒にどう？」と誘われ、ご一緒することに。

すると先輩は食事そっちのけで私の仕事について質問してきました。この契約はどうやって取ったのか、どんな条件だったか、そして私が答えるごとに「へぇ」「なるほど、そうなの」と興味を示し、最後に「いつもとてもよくやっているな、と思っていたの。これからも頑張ってね。期待してるわ」と言ってくれたんです。

あの先輩が私の仕事に関心を持ち、見ていてくれたんだ、とびっくりしました。そして励ましたりしてくれたことが、とてもうれしかったですね。

相手のことをきちんと知り、心からのほめ言葉が出るような人に、私もなりたいと思いました。

ほめるタイミング

　もっとも効果的なタイミングは、相手がうれしそうにしているときです。自分がいちばんうまくできたと思っているときにほめられると「わかってくれている」と思われます。
　むやみやたらとほめていては、効果は半減してしまいます。

次もやる気になる言い方

✕「まぁ、これくらいだれでもできるんだから、次はもっと頑張れよ」
　「○○くんはもっとすごかったぞ。次は負けるなよ」

○「よくやったよ。すごいじゃないか」

◎ この仕事は単純に見えるけど、そう簡単にできることじゃないよ。頑張った結果が出たね。次も期待してるよ

POINT ほめるときは、素直に表現するだけで相手にとっていちばんうれしい言葉になります。そこに具体性をこめれば、その場の喜びだけでなく以後のやる気も引き出せます。

内容をほめる

✕「ちゃんとやってるね」

○「電話応対、よくなったね」

◎ 電話応対が以前よりずっと丁寧になっていたし、はきはきした話し方もすごくいいね。見習いたいよ

POINT 成長がうかがえたら、すぐにほめます。さらに「自分よりもできる」と思ったときはそのひと言を加え、自信とやる気を育てます。

結果をほめる

✕「ここをこうしたらもっといい結果になったと思うけど…。でも、君にしては頑張った方だと思うよ」

○「頑張ったかいがあったね。ご苦労様でした」

◎ お疲れ様、よく頑張ったね。特にこの資料がわかりやすくてよかったんだけど、これを全部自分でやりとげたことにも価値があるよ

すごいな。課長も手放しでほめていたよ

POINT ほかの人もほめていたと伝えると、お世辞ととらえられなくなり、喜びも大きくなります。

APEC〔Asia-Pacific Economic Cooperation〕アジア太平洋経済協力会議。ASEAN（東南アジア諸国連合）と日本、アメリカ、オーストラリアなど19か国2地域からなる協力体制。

ほめる②

目上の人をほめる

謙虚な気持ちで感じるままに敬意を表す

自分が言われてうれしいことは、上司や目上の人もうれしいもの。ときにはコミュニケーションの潤滑油として目上の人をほめるのも有効です。ごまをする、おべっかを使う、というのではなく、謙虚な気持ちで相手の言動をとらえ、よいと思ったことを口にするだけでよいのです。黙っていては、相手には伝わりません。尊敬の念を日ごろから伝えてコミュニケーションすることも、よい人間関係を築くために重要なことです。

たとえば、尊敬していたり目指していたりする先輩がいれば、よく観察して、敬意を感じるような点や、吸収したい点を口に出してみましょう。「すごいですね」の一辺倒では真実味に欠けます。どこがどのようによいのか、具体的に伝えるのです。尊敬しているからこそ出るほめ言葉を、日ごろから声に出してみましょう。慣れれば自然に口にできるようになります。そうすることで、さらによりよい人間関係が築けるはずです。

目上の人との付き合い方

- ほめ過ぎはごますりと思われかねないため要注意
- 上司の仕事のしかたをよく観察する
- 上司とよい関係を築けるようつねに考えて行動
- 謙虚さが大事

部下とのコミュニケーションでうれしいとき

・仕事に対する熱意を語った後、「やっぱり○○さんはすごいです。僕も早くそんなふうになりたいです！」などと言われるとき。（30代男性／メーカー）

・自分が頑張ったときに「さすが○○さん！」と持ち上げられたとき。（40代女性／商社）

・ほめた部下に「○○課長のおかげです」と言われたとき。（50代男性／IT企業）

知っていると便利なほめ言葉

「やっぱり○○さんはすごい」
「○○さんみたいになるのが目標です」
「これからもご指導よろしくお願いいたします！」
「さすがですね」
「○○さんのアドバイスがあったからできました」
「どうしたら○○さんみたいになれますか」
「やっぱりかっこいいですね」
「そのネクタイを選ぶセンスがすてきですね」
「真摯に仕事に向き合う姿を尊敬しています」
「ひとえに○○さんのおかげです」

ほめるならばこんな場面で

- 大きなプロジェクトが終わったところで
- 仕事について話したときに
- 仕事ぶりを間近で見たときに
- 飲み会の場で

尊敬している気持ちを伝えよう

○○さんがご指導くださったおかげで、
このような結果を出すことができました！

○○さんはやっぱりすごいです。
私ではまだまだあんな的確な対処は
できません

POINT 「頑張っていらっしゃいますね」は、目上の人に言うのは失礼です。気をつけましょう。具体的に「～の点が」と言うと説得力が増し、目上の人も喜びます。

WTDC 〔World Telecommunication Development Conferences〕世界電気通信開発会議。技術協力などを行い、開発途上国における電気通信技術の向上に努めるITU－Dの最高意思決定機関。

叱る①

教え諭す［きほん編］

相手のためを思い、真剣に諭す

腹を立てて感情的に怒鳴りつけるのは「叱る」ではなく「怒る」で、これはビジネスに不要な感情です。憤りに任せて激しくののしっている姿を他人が見たらどう思うでしょう。おそらく周囲からのあなたへの評価はがた落ちです。また、怒鳴られた方も、反省どころか、不愉快な感情だけが募ってしまうことにもなりかねません。

「叱る」とは、相手の成長を促すために行うもの。注意するだけでなく、どうすれば同じ過ちを繰り返さないか考えさせ、答えを引き出させることが必要です。

正しく叱るためにもっとも大切なのは、相手のために親身になって諭すこと。愛情と誠意を持って叱れば、気持ちは必ず伝わります。

叱るという行為は、相手のためでもありますが、自分の成長にもつながります。これを肝に銘じ、正しい叱り方を身につけましょう。

叱るときの心構え

●感情的にならない
事前に深呼吸し、気持ちを落ち着かせて。

●ほかの人の前で叱らない
恥をかかせられたと思ってふてくされたり、萎縮してしまうおそれも。

●いつまでも引きずらない
叱られる方も叱る方も、決して気分のよいものではありません。主旨を伝えたらさっぱり切り上げます。

●フォローを欠かさない
叱った後は、叱る前より相手を観察し、フォローするようにします。これが相手のやる気につながります。

●自分なりの「基準」を持つ
ときと場合によって、叱り方にぶれが出るようでは、相手も混乱します。「□□したときは叱る」など、自分なりの基準を設けるようにします。

●ポイントを明確にし、脱線しない
なにを叱るかを明確にし、理論的に説明するようにします。また、人格や私生活にまで言及してしまうと、不信感を与えることになりかねません。

仕事内容について叱る

✕「まだ、できないのか！ おまえはバカか？」

○「ちょっと時間がかかり過ぎているよ。
効率のいいやり方を考えてからやってみなさい」

◎ 丁寧な仕事をするのはいいけれど、
スピードを上げることも考えながら仕事をした方が、
後でチェックに時間を使えるよ

POINT もっとも効果的なのは、いったんほめてねぎらってから叱ることです。「ここはいいけれど、ここは××だからよくないな」などと言うことで、相手に反発心を与えることなく改善すべきポイントを伝えられます。

ミスを叱る

✕「このミスが、会社にどれだけの損害を与えたかわかっているんですか！」

○「あなたはそのまま業務を続けなさい。私が謝りに行きます」

◎ 今回のミスは痛かったですね。たった1つのミスが、
大きな損害を生むことがよくわかったでしょう？
いい経験をしたと思って、二度と同じことを起こさないようにしなさい。今から一緒に謝りに行きましょう

POINT 大きなミスをしでかしたら、本人に重大さがわかる形で責任を取らせた方が、迷惑をかけた相手の顔がわかる分、身にしみます。逆に叱らないというのも一つの手。上司に迷惑をかけているのに何も言われないのはかなりのプレッシャーです。

服装など身なりを叱る

✕「ちゃらちゃらした格好なんか、ダメに決まってるでしょう！」

○「○○くん、規則に従い、業務時間内はネクタイを着用しなさい」

◎ その服装は、どう見ても仕事ができるように見えないから、
そのまま取引先に行くとあなたが損をしますよ

POINT 服装は、第一印象を決める重要なポイントです。仕事ができるように見えないと言われれば、本人も納得しやすいでしょう。人に不快感や、不信感を与えるような服装は社会人として失格であることを意識させることが重要です。

OECD〔Organization for Economic Co-operation and Development〕経済協力開発機構。貿易・資本の自由化、経済政策の調整などを目的に発足した国際経済協力機構。アメリカ、日本など30か国で構成。

叱る②

フォローによってはぐくまれる信頼関係

信頼関係が効果を高める

叱った相手が、すぐ改善の行動に出るのは、叱った人を信頼しているということです。たとえば「これじゃダメだ」のひと言も、あまり親しくない人から言われると、怒りや不満がこみ上げてくるものです。ところがこれを親友に言われたら、自分の言動を振り返り、誤っていれば改めようと努力するでしょう。同じ言葉でも受け止め方がまったく違うのです。

これは上司と部下、先輩と後輩の関係でも同じことがいえます。部下や後輩から信頼されていれば、相手はあなたの言葉の真意をくみ取って反省し、改めようとします。叱っても効果が得られないとしたら、それはその人とあなたの信頼関係が築けていないことが原因かもしれません。叱る効果を高めるには「信頼関係」という大前提が必要なのです。

こんな叱られ方はイヤ！

① いつまでもぐちぐち言われる
② 同僚・後輩の前で怒鳴られる
③ 昔のことを持ち出される
④ 私生活のことまで言われる
⑤ ばかにする

これらはすべて「怒る」です。感情的だったり過去のことまで持ち出されたりすると、だれでも素直に話を受け止めようとは思えません。叱られた後で「自分の欠点を教えてもらえてよかった。これからもっと頑張ろう！」と思わせることが理想です。

「相手に合わせた叱り方」は永遠のテーマ

50代男性（金融）

相手によって叱ることの効果は変わります。打たれ弱い人を打ち続ければ凹んでしまいますし、図太い神経の持ち主なら多少叱ったところでまったく意に介しません。また、プライドの高い人には、そのプライドをくすぐるような言い方を工夫しなければいけません。

このように、個人の性格によって叱り方を考えることは、上司にとって永遠のテーマですね。

叱った後は、必ずフォロー

ほめたことの成果は、簡単に見て取れます。直後の相手の表情や、その後の声などから、よいほめ方だったかどうかが判断できます。しかし、叱った後の反応というのはなかなか見えてきません。

傷つきやすい人ならしばらくは落ち込んでしまうでしょうし、ふてくされたり、反発したりする人もいるかもしれません。だからこそ叱った後は、フォローが必要。適切なフォローをすることで相手を立ち直らせ、それまで以上の働きが確認できて、初めて叱った成果が見えてくるのです。

こんな言い方・表現が効果的

「昔は○○くんと同じ失敗をしたよ」

「○○くんは見込みがあると思うからこそ、あえて厳しいことを言わせてもらったんだよ」

「○○くんはこれをバネに成長できると信じているよ」

「将来有望だと思うからこそ、○○くんにはこんなことで失敗してもらいたくないんだよ」

「真剣に話を聞いてもらえてうれしかったよ。明日からもお互い頑張ろう」

叱った後のフォロー

一度叱ったことはもう持ち出さない

叱った後の様子をよく見て、状況が改善されていたらほめる

「大丈夫だよ」「終わったことはもう気にするなよ」と声をかける

飲みに誘う

相手が落ち込んでしまったら

別室などに呼び、「元気がないようだけど、大丈夫か」と話を聞く

後輩の同期に頼んで様子を探らせ、率直な気持ちを聞いてもらう

後日「もっとよくなってほしいからこそ叱ったんだ」などと、
叱ったときには言えなかったことを伝え、やる気や元気を取り戻させる

EU（ユーロ）〔European Union〕欧州連合。加盟国の政治的・経済的統合を推進するヨーロッパの地域統合で、NAFTA（北米自由貿易協定）と並ぶ巨大経済圏をつくる。共通通貨は「ユーロ」。

叱られたとき

感謝しながら聞く

冷静に聞いて、より「デキる」ビジネスパーソンに

　叱られるのはだれでも嫌なもの。しかしビジネスの場では、叱られたからといって逃げ出したり、仕事を投げ出したりするわけにはいきません。まずは「自分のために時間と労力を費やして、叱って頂いている」という心構えで、叱られているポイントや理由を考えながら聞きましょう。

　そして叱られた内容をよく分析し、自分の非がどこにあったのか、どうすればよかったのかを冷静に考えます。感情的になったり過度に反省して落ち込んだりするのは、ビジネスでは時間の無駄。成長のためのチャンスにするのです。

　ただし、相手が「叱っている」のか「怒っている」のかを見極めることも大切です。「怒って」いたとしたら発展が見込めないので、気にし過ぎないのもひとつの対処法です。

「叱る」と「怒る」どう違う？

叱る	相手への愛情から、直すべきことを真剣に説明する
怒る	自分の感情のはけ口として言う。嫌悪などの感情が含まれることも

相手が「怒って」いると判断できるときは、過度に反応する必要はありません。若手のうちは、この判断が難しいもの。自分でわからないときは、周囲の人に相談してみるのもよいでしょう。

若手を叱るのはこんなとき

いずれも、自分の心がけしだいで直せるものばかりです。普段からの仕事の姿勢を見直してみましょう。

- この人はまだ伸びる、と感じたとき
- 余力を残して仕事をして、失敗しているのを見たとき
- ビジネスマナーが正しくないとき
- 言葉づかいが正しくないとき
- 同じ間違いを繰り返しているとき
- ミスをしても反省の色が見えないとき
- やる気が感じられないとき

叱られたときの聞き方

姿勢 ▶ 顔と体を相手に向ける

態度 ▶ 謙虚な態度で最後まで話を聞く。むやみやたらと反論しない

返事の仕方 ▶ 素直に自分のミスを認め、誠意を込めて謝罪する。
ミスをしたら叱られるのは当然のことと心得て、
反抗的な態度を取ったり、
嫌な顔をしたりするのは、NG。
「はい」
「申し訳ございません」
「わかりました」
「二度とこのようなことがないよう気をつけます」
「今後気をつけます」

叱られた後の名誉挽回のしかた

- 失敗の原因を分析する
- 失敗したところを正す
- 改善点を明確に示す
- 失敗は繰り返さない
- 意気消沈しない
- 叱られた翌日は早く出社してやる気をアピール
- 心のなかでは落ち込んでいても笑顔でいる

POINT 自分のどこが間違っていたのかを冷静に考え、その後のスキルアップに生かします。

先物取引所 将来、一定期日に現品の受け渡しか決済かを行うことを約束した売買取引をするために開設された機関。日本では商品の種類によって法規制が異なるため、取引所も分かれている。

会議の場で

若手が会議で求められていること

会議の要《かなめ》は「予習」

会議に参加する際にもっとも重要なことは予習です。あらかじめ配られるレジュメなどを参考に、テーマに対しての自分の意見・考えをまとめてから会議に臨みましょう。若手だからと、ただ上司や先輩の議論を聞くだけで何の発言もしないのでは、参加する意味がありません。初めは緊張してうまく話せないかもしれませんが、どんな意見でも、まずは自分の考えを表明しましょう。

会議の前に予習し、入念に準備することは、自分の意見への自信につながります。もちろん、内容のすべてを理解できないこともあるでしょうが、自分の担当している持ち場にどのようにその議題がかかわっているか、ということを考えれば、なにかしらの問題点や意見が出てくるはず。そのためにも、日ごろから自分の持ち場で問題点・改善点を考えながら仕事をすべきです。

そのうえで、上司や先輩の発言のしかた、考え方をしっかりと聞き、今後の仕事に活かしましょう。

会議の基本的な進み方

1 趣旨の説明	その日の議題、現状の説明、論点などが解説されます
2 討議	各人の意見発表、プレゼンテーションがあり、議論をします
3 まとめ	決定事項の再確認、今後の進め方の統一
4 議事録の作成	決まったことを書記が議事録にまとめ、参加者や関係者に配付します

用意しておくべきもの

- □ 会議の資料
- □ 色ペン・マーカー
- □ メモ・ノート・ペン
- □ 発言用の資料
- □ 自分の意見をまとめたメモ
- □ 付箋

会議の目的は3種類ある

会議には、議題に応じて3種類の目的があります。
自分が参加しているものがどれなのか、あらかじめ把握して臨みましょう

報　告	（例）前回決まったことについて実際に動いてみてどうだったか、という報告
議　論	議題に対し、別の意見を持つ人どうしが意見をすり合わせるための話し合い
決　定	指針・方策などの具体的な結論を出すための会議

会議中の話の聞き方

- メモを取る
- うなずきながら聞く
- 発言者に必ず目を向ける
- 私語は慎む
- 質問するつもりで話を聞く
- 質問や意見があっても、人の話をさえぎらずに最後まで聞く

発言のしかた

- 最後まで話を聞いてから発言する
- 急に話し始めない
- 結論から述べ、それから理由を説明する
- 意見を批判されても、感情的な発言はしない
- 語尾まではっきりと話す
- 議題からそれた発言をしない
- 必要に応じてデータや資料を示す

発言のタイミング

- 発言を求められたとき
- 沈黙があったときに「ちょっとよろしいでしょうか」と挙手をしてから

景気動向指数　内閣府が発表する、景気指標となる指数。DI。景気とほぼ同時に動く「一致指数」、先んじる「先行指数」、遅れる「遅行指数」があり、現状判断・予測・確認に役立つ。

発表する

社内プレゼンテーションのしかた

入念な事前シミュレーションで信頼性UP！

入社年度が浅くても、プレゼンテーション（プレゼン）や企画の発表をしなければならない場合があります。苦手な人や不慣れな人が緊張するのはしかたありませんが、社内であれば聞く側もそれをわかっているはず。より率直な意見やアドバイスをもらえるチャンスと考え、積極的な問いかけを心がけましょう。

プレゼンで重要なのは、入念な準備です。発表の準備はもちろん、どんな質問が出るか、そしてそれに対する適切な答えまでシミュレーションしておきます。いろんなパターンをシミュレーションしておけば実際のプレゼンの場でも回答をすぐに返せるため、発表の信頼性も高まります。

また意見・企画の正当性に自信を持って話すことも重要です。内容を暗記しておき、資料を見ずに発表できれば、聞いている人の反応がわかるので、より洗練されたプレゼンになるでしょう。

発表内容に入れる要素

プレゼンテーションの際は、相手に「わかりやすく有意義な内容だった」と思ってもらうために、コンパクトにまとめることが大切です。以下のポイントを明確にしておきましょう。

- ●結論
- ●提案の背景
- ●理由・説明
- ●実例・事例
- ●視覚的資料（表や図、写真など）

発表するときのポイント

①結論から述べる
始めに結論を述べることで、聞き手に内容がわかりやすくなる

②はっきりとした言葉で話す
その場にいる人全員に聞こえるような大きな声でゆっくり、はっきり話す

③抽象的な言葉はなるべく使わない
「〜だと思います」「〜にしたいです」は多用しない

④数字や事例を出し、具体的に説明する

⑤ジェスチャーを入れて説明する

⑥ときどき、出席者の理解を確認しながら話す

重要なことを言うとき

✕「それで、××は□□で…」とメリハリなく話す

○「××、ということがポイントです」

◎ そして、ここがもっとも重要なポイントになるのですが…
本日もっともお伝えしたいことが、次の××です

POINT 重要なことを言う前に、クッションとなる言葉をおいて注意を促すと、聞き手も注意して聞けます。

反論・質問・アドバイス・意見に対して

- 反論が出ても、感情的にならず、謙虚に受け止める
- その場で答えられるものに対しては、すぐに答える
- すぐに答えがわからないときは
  「その件については、検討して3日以内に
  みなさまにご返答します」
  などと具体的な対応を提示する

デフレーション　一般的な物価水準が、持続的に下落する状態。インフレーション（インフレ）の逆。需要に対して供給が過剰な状態となるので、一般に不況に結びつきやすい。

来客を迎える

会社の印象を上げるマナー

つねに会社の「顔」であることを意識する

来客側からすると、訪問時に社内で会った人の印象がそのままその会社の印象になります。

自分を訪ねてきた人でなかったとしても、つねに自分が会社の代表であることを意識して丁寧な応対を心がけるようにし、会社のイメージアップを心がけましょう。

全社員がこれを徹底できれば、社外からゆるぎない信頼を勝ち得ることができます。丁寧さを重視するあまり、必要以上に恐縮したり、卑屈な態度を取ったりすることはよくありません。

いらっしゃったお客様にとっても、取引先への訪問は、緊張している場合も多々あります。そういうときには、緊張をほぐすような当たりさわりのない会話をするのも好印象。ただし大事な商談の前などは、うるさく思われることがあります。相手の様子をよく観察してから対応しましょう。

来客を迎えるときの手順

1. ロビー・受付まで迎えに行く

▼

2. 応接室・会議室に案内する

▼

3. 上座をすすめ、座って待って頂く

▼

4. あいさつがすみ、打ち合わせが始まったころにお茶を出す

来客を迎えるとき

×「どうもどうも」

○「こんにちは」

◎ お待ちしておりました。
本日はご足労頂き、
ありがとうございます

POINT わざわざ来てもらったことについて、お礼を言います。また、大きな荷物を持っている場合は「お持ちしましょうか」と声をかけます。

案内するときの話題

×「……」黙って案内する

○「今日はいい天気ですね」

◎ 今日はいい天気で
気持ちいいですね。
本日はどのようにこちらまで
いらしたんですか？

POINT 時候や交通手段についてなど、簡単な問いかけほど相手をリラックスさせられます。

上司を紹介する

×「うちの部長の○○さんです」

◎ ××さん、ご紹介いたします。
こちら、当社の営業部長
の○○でございます

POINT 紹介する上司が複数いる場合は、役職が上の人から順に紹介します。

お茶を出す

×「失礼いたします！ お茶です！」

○「……」なにも言わずにそっと置く

◎ 失礼いたします
どうぞ

POINT 話し中に大きな声であいさつすると、話の邪魔になるので、そっと声をかけましょう。

来客中に急用が入った

原則として、来客中の人には取り次ぎをせず、先方に来客中であることを伝えます。ただし一刻を争う場合は、なるべく話を中断しないよう、内容をメモにまとめて渡します。

◎ お話し中に申し訳ございません

POINT 耳打ちしたり別の場所に呼んだりすると、相手に不快感を与える可能性もあるので、注意！

お客様が帰るとき

×「では、また」

○「本日はありがとうございました」

◎ 本日はご足労頂き、
本当にありがとうございました。
お気をつけて
お帰りくださいませ

POINT 相手の姿が見えなくなるまで見送ります。

ディスインフレ　景気循環の過程において、インフレーションを脱し、デフレーションになりつつある過程をいう。長短ともに金利は低下傾向となり、インフレ中よりも利益は上がりにくい。

社内での自己紹介

社内で自分をアピールするために

プラス情報で自分を知ってもらう

社内にはたくさんの人がおり、部署が変わって初めて言葉を交わすというケースもあるでしょう。これから一緒に仕事をする仲間として受け入れてもらえるよう、まずはきちんとした言葉づかいであいさつし、ビジネスマナーの基本を身につけている人、という印象を持ってもらいます。

あいさつに使われる言葉はたいてい「よろしくお願いします」のような決まり文句ですが、これにひと言自分ならではの言葉を添えると、そのときの印象が深くなります。仕事での目標や、前部署でやっていたこと、新部署とかかわりのある内容や趣味の話などのエピソードを公私をまじえ2～3加えるとよいでしょう。

話は、30秒程度にまとまっていると、聞きやすいと言われています。なるべくゆっくり話し、聞いている人たちの顔を見ながら、自分を元気よくアピールしましょう。

付け加えるとよい情報

前向きな情報を加え、印象をアップさせましょう

- 名前の由来
- 将来の希望
- その部署でどんな仕事をしたいか
- なぜその部署を希望したのか
- 前部署での仕事内容
- 座右の銘
- 得意なこと
- 趣味
- 出身地

自己紹介するときには…

- 最初と最後に一礼する
- 長々と話さない
- ゆっくり話す
- 明るい表情で元気よく
- はきはき大きな声で

部署が変わったとき

× 「初めまして、○○です」

○ 「初めまして。総務課からこちらへ異動して参りました、
○○と申します。よろしくお願いいたします」

◎ 初めまして。総務部から移動して参りました○○と申します。
前部署では、□□プロジェクトの際、
こちらの部署にお世話になりました。
ご一緒できることになり、とてもうれしいです！
一生懸命頑張りますので、よろしくお願いいたします

POINT 前向きな抱負や、やる気も付け加えられるとなおよいでしょう。

新人として初めて配属された先で

× 「こんにちは。○○です。よろしくお願いします」

○ 「初めまして、○○と申します。よろしくお願いいたします」

◎ 初めまして。○○と申します。
本日からこちらに配属になりました。
入社以前から、つねづねこちらの部署で働きたいと思って
おりました。まだまだ未熟ではございますが、一日も早く
一人前になれるよう頑張ります！
どうぞよろしくお願いいたします

POINT 明るく前向きに、謙虚で丁寧な言いまわしもできると、印象がよくなります。

印象のよいフレーズ

未熟ではございますが

皆さんについて行きます

なにぶん勉強不足ではございますが

ご指導・ご鞭撻のほど、よろしくお願いいたします

一生懸命勉強させて頂きます

少しでもみなさんのお役に立てるよう、頑張ります

ご一緒にお仕事ができて、うれしいです

不良債権　金融機関が貸出・保有する債権のうち、元本や利息の回収が不能なもの、6か月以上滞納しているもの、金利を減免しているものを指す。新規融資を抑制し、景気回復を妨げると考えられる。

転職・退職をする

報告をするときのマナー

「立つ鳥跡を濁さず」で円満に、スマートに

理由のいかんを問わず転・退職をすることになったら、引き継ぎなども考え、少なくとも退職したいと思う3か月くらい前にはまずは直属の上司に相談をしなければなりません。その際、正当性のある理由を述べられるよう準備します。

また、自分がいなくなった後は、混乱しないよう、しっかり引き継ぎ・整理をしておきましょう。後任者のために、リストを作成しておくのもよい方法です。

自分のいた部署やお世話になった人には礼を尽くし、感謝の気持ちを表すことが重要です。しこりを残したり、嫌な印象を与えたりしないよう気づかい、惜しまれて辞められるようにしましょう。

いつでもその会社に戻れるような円満でスマートな辞め方が、その後のビジネスにおおいに役立ちます。

報告の基本フロー

1. 直属の上司
2. 後任者
3. 取引先
4. そのほかのお世話になった人々

退職によって、自分がやっていた仕事の担当が替わることになるので、余裕を持って後任者にきちんと引き継ぐことが大切です。また、取引先へも後任者とともにあいさつ回りをしますが、そのときは、自分の退社後の話より、今後も変わらぬお付き合いをお願いする姿勢に徹しましょう。

注意! これはダメ！　退職のNG

NG

- ✕ 退職が決まったとたん、態度をガラリと変える
- ✕ 上司より先に取引先や同僚、同期に報告する
- ✕ お世話になった人へあいさつしない
- ✕ 会社、部署、上司などの悪口を言う
- ✕ これまでの不満をぶちまける
- ✕ 転職先の自慢話をする

上司への最初の報告

✕「辞めます」

○「実は、退職をしたいと思っております」

◎ ○○課長にご相談があります。□□の都合で×月×日付で退職をさせて頂けませんでしょうか

これまでのお礼とお詫び

✕「すみません」

○「申し訳ございません。これまでありがとうございました」

◎ 勝手を申しましてまことに申し訳ございません。これまで大変お世話になり、ありがとうございました

同僚への報告

✕「会社、辞めることにしました」

○「わたくし、□□の都合により×日付で退職させて頂くことになりました」

◎ みなさまにご報告があります。わたくし、○○の都合によりまことに勝手ではございますが、×日で退職させて頂くことになりました

退職日当日のあいさつ

✕「今日で辞めますんで…」

○「これまでありがとうございました」

◎ 温かいご指導を頂いたにもかかわらず、本日をもちまして退職する勝手を深くお詫びします。みなさまにはこれまで大変お世話になり、感謝の念にたえません

ペイオフ　預金保護。金融機関の破綻に際し、預金者に対して預金保険機構が代わりに払い戻しをする制度。１人当たりの預金保護限度は、元本１千万円とその利息までとされている。

コラム

NGな話題って…？

ビジネス会話に「暗い・重い」は不要

たとえ雑談でも、会話はビジネスを円滑に運ぶための重要な役割を担うものですから、暗い話や重過ぎる話題はふさわしくありません。不吉な印象を与えるもの、縁起の悪い言葉が使われている話題も避ける必要があります。

また、相手のことを考えずに自分だけが得意とする分野のうんちくを披露しても会話は成立しませんし、場違いな話題ではしらけた雰囲気になってしまいます。うわさ話や陰口は見苦しいうえに、不誠実な印象を与えたり「ここだけの話」のつもりが後日尾ひれがついて広まったりする恐れもあるので控えましょう。

3大タブーは「政治・宗教・お金」

さらに、親しい友人間でも避けた方がよいとされる「3大タブー」の話題があります。それは「政治・宗教・お金」に関することです。これらは個人の思想や信念、経済状態などプライバシーの深い部分に属するものであり、ビジネスの場では絶対に触れないよう配慮します。また、相手の身体的な特徴も話題としてふさわしくありません。

ほかにも、NGな話題は相手の数だけあるといっても過言ではありません。取引先の人などと会うときは、その人についての情報を上司や先輩から事前に聞き、話題を考えておくとよいでしょう。また、相手に不快感を与える話題を出さないことはもちろんですが、興味のない話をしてしまっていないかどうか、会話をしている間も相手の表情や反応に気をつけましょう。

たとえ短い時間でも、お互いに沈黙していては居心地が悪く、信頼関係を築くこともできません。会話の持つ役割をしっかりと意識して活用しましょう。

PART 5

社外での話し方

好印象を残すには

BUSINESS
MANNERS

アポイントを取る

確実に約束を取りつける

すばやく相手の都合を確認

「ビジネスは事前準備がすべて」といっても過言ではありません。ビジネスシーンでライバルから一歩先んじるには、事前に綿密な計画を立てて考え抜くことが必要になります。この計画の基礎となるのが、アポイントを含めた時間の使い方です。アポイントには、不在の相手を訪問するような時間の無駄を省くのはもちろん、時間と用件を事前に伝えておくことで交渉をスムーズに進めるメリットも見込めます。

アポイントのコツは、いち早く相手の都合を確認することです。早めに取れれば相手の中で「先に組まれている予定」になるため、優先順位が上がります。もちろん、貴重な時間を割いてもらうことに感謝し、丁寧な応対を心がけます。一方的に自分の希望を伝えるのではなく、相手の事情や予定を最優先にするのが鉄則。ここで印象を悪くすると仕事をマイナスからスタートさせることになってしまいます。

メール・FAXでアポイントを取るとき

いつまでに？

約束したい日の1週間前までがめやす

確認しておく内容

❶ 面談の目的
❷ 日時の候補（複数）
❸ その日に決めたいこと
❹ 当日までにこちらが準備しておくべきことと、先方に用意してもらうもの
❺ 所属会社名・電話番号・名前などの署名

メール・FAX後は必ず確認の電話を入れます。相手の意思確認が重要です。

メールと電話の併用でアポ取りは万全

20代男性（メーカー）

先方が忙しくてなかなか電話で話せないときは、1週間前までにメールをしておき、その後、つながるまで電話し続けます。相手との直接の意思の確認ができないと、やっぱり不安ですしね。アポイントが確定した後も当然、前日の確認は怠りません。

電話でアポイントを取る手順

1 相手に、都合のよい候補日を複数挙げてもらう

恐れ入りますが、今月中でご都合のよい日を3日程度、
挙げて頂けますか

2 「いつでもいい」と言われたら、自分の予定を告げる

ありがとうございます。お言葉に甘えまして、
□月□日はいかがでしょうか

3 自分の都合が合わないときには別の日を提案する

申し訳ございません。その日は予定が入っております。
代わりに、□月□日のご都合はいかがでしょうか

4 電話を切る前に再確認

アポイントの目的、時間、場所、約束の場所までの行き方、
自分と相手の緊急の連絡先、同行者がいる場合はその人数と役職

約束に変更があるとき

× 「○日の打合せ、もうちょっと遅くしてもらえませんか」

○ 「申し訳ございません。急な予定が入ってしまいました。○日の打合せを、1時間遅くして頂きたいのですが、ご都合はいかがですか」

◎ 勝手を申しまして、恐縮です

と付け加えます。

POINT 変更を決めた時点ですぐに連絡を入れ、まずはお詫びの言葉を述べます。その後、理由と、どうしたいのかを話します。一度変更をしたら、必ず守りましょう。

約束の時間に遅れてしまうとき

× 「すみません、遅れます」

◎ 大変申し訳ございません。到着が15分ほど遅れてしまいそうです。お待たせして申し訳ございませんが、お待ち頂けますでしょうか

POINT 自分の遅れによって、相手のスケジュールにも狂いが出るおそれも。そのまま待ってもらえるか、先方の意向を伺う姿勢を表します。

個人向け国債 国債の安定的な消化と個人投資家の国債保有を促進するため、2003年3月に新たに発行された、個人限定保有の国債。市場金利に連動して金利が変わる変動金利制の債券。

他社を訪問するとき

取引先へ訪問するときの心構え

つねに見られていることを意識しよう

　アポイントが取れたら、訪問の準備を整えましょう。相手の会社のことをよく調べ、名刺や資料など必要なものを早めに揃えます。前日にはすべての準備をすませ、シミュレーションできるとベストです。

　訪問の際はもちろん、時間を割いてもらっているという謙虚な気持ちが必要です。用件をわかりやすく簡潔に伝え、予定時間内に収めることが相手に好印象を与えるポイント。言いたいことを話すだけでなく、相手の意見を聞くための時間も考慮しておきましょう。

　訪問先には、面識のない人がたくさんいるはずです。今は直接かかわりがなくても、いずれ仕事上のつながりが生じる可能性もあります。だれに対しても大切なビジネスパートナーであるという意識を忘れず、誠意を尽くして接しましょう。正しい言葉づかいと敬語がすらすら出てくれば、大きな失敗はないはずです。

取引先はここを見ている

- **基本的なマナー**
- **あいさつが流暢にできているか**
- **身なり・服装**
  靴も見られています
- **訪問のための準備が整っているか**
  資料・話す内容など
- **声がはっきりとしているか**
  ボソボソした話し方は×
- **持ち物**
  子どもっぽい文房具、汚れた鞄は×

上手な取引先訪問の決め手は事前準備

30代女性（人材派遣）

　その人とこれから先もビジネスパートナーとしてやっていけるかの判断で注目しているのは、事前準備がどれだけできているかですね。緊張しているかどうかは、問題ではありません。若手の人が慣れないところで緊張するのは当たり前。

　話し方が多少不慣れでも、予定時間内にわかりやすく用件を伝えてくれると「自分との時間に敬意を払い、きちんと準備しているな」と感心します。

訪問時のマナー

1. 訪問前日に、電話でアポイントの再確認
2. 約束の10分前には到着（トイレで最後の身だしなみをチェックする習慣をつけましょう）
3. 5分前に受付へ（早過ぎても、失礼です）
4. 受付で自社名、自分の名前、約束の相手の部署・名前を告げる

受付にて

✕「営業部の○○さんはいます？」

〇「いつもお世話になっております。△△会社の○○です。営業部の××様をお願いできますでしょうか」

◎ 本日14時からお約束を頂いております

とアポイントがあることもきちんと述べます

案内をしてくれた人に

✕「どうも、どうも」

〇「恐れ入ります」

POINT 案内してくれた相手が応接室などから退出する際には、座っていても立ち上がり「失礼いたします」と一礼するのがマナー。

面会の相手が来たら

✕「あ、こんにちはー」

〇「いつもお世話になっております」

◎ 本日はお忙しいなか、お時間をちょうだいいたしまして、ありがとうございます

POINT 相手が自分と会うために時間を作ってくれていることを意識し、感謝の言葉を述べましょう。

OPEC〔Organization of the Petroleum Exporting Countries〕石油輸出国機構。欧米の石油カルテルに対抗し、石油価格決定の主導権を握るべくアラブ首長国連邦など11か国が1960年に結成した組織。

名刺交換・自己紹介のルール

初対面でのあいさつ

気持ちにもスーツを着せて

初めての訪問で高い評価をもらうのは非常に困難ですが、いったん悪い印象を与えてしまうと、それは後を引いてしまいます。信頼関係は徐々に築いていくものですから、まずは失礼がないようにしましょう。最初から自分の個性を出しすぎると、特に年配者からは礼節をわきまえない人と思われがちです。気持ちを引き締め、正しい言葉づかいでマナーにかなったあいさつをし、適切な敬語で明るく話しましょう。初対面のあいさつの目標は、自分がビジネスパートナーとして最低限のマナーを身につけている、と認識してもらうことと考えましょう。身だしなみだけでなく、気持ちにもスーツを着せるような引き締まったイメージで応対できれば、印象が悪くなることはありません。

初対面のあいさつ、自己紹介が終わったら、名刺交換をします。どんな大きなビジネスも、最初はこの名刺交換からスタートするのです。うっかり名刺を切らしてしまったりすることのないよう、つねに名刺は多めに持つ習慣をつけましょう。面談後、名刺の裏に面談の日付や用件、その人の特徴などをメモすると後々役立ちます。

名刺交換のマナー

いろいろな決まりごとがあります。正しい交わし方を身につけましょう。

1. 訪問者から先に渡す
2. 相手の顔や目を見ながら渡す
3. 立場の低い人から先に出す
4. 相手が複数の場合は役職が上の人から渡す
5. 氏名や、社名などの部分を指で隠さない
6. 商談中はテーブルの上に置いておく
7. 複数の人がいるときは、席順通りに並べるとわかりやすい

NG

① 折り曲げる
② すぐにしまう
③ 座ったまま受け取る
④ 指でつまみながら渡す
⑤ お尻のポケットから出す

自己紹介と名刺交換

×「反田です」

○ 初めまして。わたくし△△社の反田慎吾と申します。
よろしくお願いいたします

POINT 社名、部署名、名前をフルネームで名乗りながら名刺を差し出します。

●名刺を交換する

○ ちょうだいいたします。田中和也様ですね。
どうぞよろしくお願いいたします

自己紹介するときのポイント

×「小林です」

○ 初めまして。わたくし、△△社の小林綾子と申します。
今後ともよろしくお願いいたします

POINT 必ずフルネームで名乗るようにします。頂いた名刺の名前は必ず復唱し、読めない場合は「なんとお読みするのですか」とその場で尋ねます。

取引先に自社の人を紹介する

ご紹介いたします。
こちら弊社の、営業部長の山田です

POINT 自社から紹介します。紹介する人が複数いる場合は、役職が上の人から。役職名も紹介します。

取引先に他社の人を紹介する

こちらが、この企画で
お世話になっております、△△社の
山田部長でいらっしゃいます

POINT その人とどういう関係なのか、手短に付け加えます。

紹介してもらったとき

×「あ、はい、小林です」

○ 初めまして。
ご紹介に預かりました
小林でございます

POINT 他社の紹介役の人に双方の紹介をしてもらってから、名刺交換をして、あいさつします。その際、紹介されたからといって省略するのではなく、きちんと自分でも改めて名乗ります。

名刺を切らしてしまっていたら

×「すみません、名刺切らしちゃってます」

○ 申し訳ございません。本日は名刺を切らしてしまいました。
後日、お送りさせていただきます。
私、△△社総務部の楠本花子と申します

POINT 名刺を頂く際に丁重にお詫びをし、通常のあいさつのときのように、社名、部署名、名前を告げ、帰社したら一筆添えて名刺を送付します。

赤字国債　人件費や事務的諸経費など、一般会計の歳入補てんのために発行される国債。財政法には赤字国債についての規定がなく、特例法によって発行されるので、「特例国債」ともいう。

BUSINESS MANNERS

取引先での会話のルール

言ってよいこと、悪いこと

自分の持っている情報をランク分けする

ビジネスパートナーとして取引先と仕事を進めるなかで、互いの情報を交換するのは、とても有益なことです。専門性を生かし合うことで仕事の幅が広がり、将来的にも役立ちます。その意味でも、それぞれの持っている知識・認識はすり合わせておくべきです。スムーズに仕事を進めるためにも、日ごろからコミュニケーションをとるよう心がけましょう。

気をつけたいのが、ちょっとした雑談のつもりで話した内容が、会社の存亡にかかわる重大な情報漏えいにつながるおそれがあるということです。自分の保有している情報の機密レベルがどの程度なのか、日ごろから認識するようにしましょう。

また、うわさ話や、悪口も、人格を疑われかねません。社内と社外、ビジネスとプライベートのオン・オフをはっきりさせておくことは社会人としてとても大切なたしなみです。

取引先での会話の流れ

❶ **世間話**
天気や季節、時事ネタなどの雑談。緊張をほぐす。

❷ **用件**
場がなごんだところで本題へ。
結論→理由→補足説明の順にポイントをしぼって話す。

❸ **質疑応答**
相手の質問に答える。必要であれば資料なども利用する。

❹ **終了**
時間をみはからい、必要事項を確認して打ち切る。最後にお礼の言葉を忘れないように。

一歩間違えば機密漏えい？

40代男性（IT開発）

最近の若手社員でとても気になるのが、社内では黙々と仕事をしているにもかかわらず、外ではかなり饒舌《じょうぜつ》になる人がいることですね。専門知識が高いということで採用した社員の例なのですが、出張メンテナンスなどで待ち時間が長くなると、雑談中に開発中の話までしてしまうんです。

専門用語が多いからだれもわからないだろうと思っているようですが、機密事項の重要性をわからせるのは本当に骨が折れます。電車やタクシーの車内でもひやひやすることが多いですね。

言ってはいけないこと

- 企業秘密
- 自社・相手の会社・他社の悪口
- 公開されていない情報
- 自社の戦略にかかわること
- 個人情報
- 仕事において知りえた情報
- 未発表の新商品について
- うわさ話　（例）「○○さんは降格されたらしい」
- 不満や愚痴

NG 悪口の類いはもってのほか。個人情報や企業秘密なども、どんなに気心の知れた相手でも話してはいけません。また、仕事の際に知りえた他社の情報などを話すのも、インサイダー取引などにつながりかねないので、NGです。

秘密にすべきことを問われたら

●会社の業績を聞かれたら

「おかげさまでまずまず堅調です」「社員一同頑張っています」
「御社のために頑張って働いています」

●新商品について聞かれたら

「いろいろアイディアを練っています」「御社はいかがですか」

相手の情報を知りたければ、自分の情報も出すのが、ビジネスの基本。
また、以下のような対応のしかたもあります。

- 秘密の存在自体を知らない、もしくはよくわからないふりをする。
- 「その情報は会社で管理しているのでわかりかねます。申し訳ございません」
- 「ちょっとそれは私からは申し上げかねます。申し訳ございません」と笑顔で伝える。
- しつこく聞かれたら「私ではわかりかねますので、上司に相談させてください」と伝える。
- 「申し訳ございませんが、お伝えできません」と下手に出ながらもきっぱりとした態度を崩さない。

NG 「そんなこと言えるわけないじゃないですか」などと怒ったり明らかに気分を害したような表情や態度を取るのはマナー違反です。

知的財産権　人の知的・精神的活動の所産である創作物に対する権利。特許、実用新案、商標といった産業財産権や著作権、営業秘密・商号などに対する権利も含む。

プレゼンテーションをする

社外での発表・提案のしかた

シミュレーションで成否が決まる

　取引先でプレゼンテーションをするときは、社内でするときよりも入念な準備が必要です。取引先の相手とは互いの立場はもちろん、持っている専門知識の量も、求めているものにも違いがあるからです。まずは、相手が知りたいこと、自分しか知らないこと、相手が求めているポイントを整理して理解し内容を書き出します。

　内容が決まったら、必ず何度も繰り返しシミュレーションしましょう。書いたものを声に出して読み込み、暗記してから本番に臨むようにします。そして、どんな質問が来るかを予想し、そのすべてに答えを用意できればそのプレゼンの成功率は大きく高まります。

　本番でのポイントは、まず和やかな雰囲気を作ること。明るく語尾まではっきり発音し、内容によってメリハリをつけます。落ち着いて相手の表情や反応を見ながら話を進めます。

こんなプレゼンにはOKを出したい

50代男性（メーカー）

　アピールしたい企画のマイナス面も隠さずに説明し、さらにそれをどのように解決しているかまで触れているプレゼンテーションには、OKを出したくなりますね。プラス面ばかり主張されるよりも説得力が勝ります。また、あるプレゼンで、こちらが答えにくい質問をしたとき、その場で答えられなかったということで、帰社後すぐに調べた結果を連絡してくれたということがありました。担当者の誠意と熱意には舌を巻きました。

上手なプレゼンテーションのポイント

- わかりやすく、簡潔明瞭な説明である
- 説得力がある
- 間延びせず、短時間にまとまっている

導入時のあいさつ

× 「本日はお忙しいなか、お集まり頂きましてありがとうございます。先ほどご紹介頂きました△△社の○○でございます。ちょっと緊張していますが、一生懸命説明させて頂きます」

◎ 本日は、貴重なお時間を頂き、ありがとうございます。
では、さっそく□□の説明をさせて頂きます

POINT プレゼンテーションに与えられている時間というのはおしなべて短いもの。10秒たりとも無駄にはできません。単刀直入に本題に入りましょう。

本題を話すときは

× 「この商品には○○という特徴と××という利点、△△という従来の商品にはないよさがあり…」

◎ この商品の特徴は3つあります。
1つめは○○、2つめは××、3つめは△△です

POINT プレゼンテーションに限らず、ワンセンテンスはできるだけ短くするのがポイント。だらだらと話すと要点がわかりにくくなります。

覚えておくとよいフレーズ

強　調	「まさに～」「なんと～」「もちろん～」
周知であることとして話す	「すでに～でご承知頂いていると思いますが」 「皆様ご存じかと思いますが」
確　認	「今までのところでわかりにくいところはございませんか」 「次の説明に入らせて頂きます」

効果的なジェスチャー

- 聴衆の目を見る
- スクリーンを指し示す・指示棒を使う
- 言葉に合わせて手を動かす
- 姿勢を正す
- 一番後ろの人に話しかけることを意識して声を大きめに出す
- 声に抑揚をつける
- 大事なところでは一歩前に出る

やってはいけないジェスチャー

- 頭に手をやる（頭をかく、口を手で隠すなどは厳禁）
- 腕組みをする
- ポケットに手を入れる
- 前や後ろに手を組む
- 手を細かく動かす
- 直立不動の仁王立ち

デジタルデバイド　コンピュータやインターネットなどのITを使いこなす者と、そうでない者との間に生じる待遇や機会、貧富の格差を示す。個人間だけでなく、国家や地域間にも当てはめられる。

交渉する①

商談に入る前に

雑談は商談を楽にする先行投資

商談で必要になるのは、相手を窺う洞察力です。時間がないからといきなり本題に入るのではなく、雑談で相手の状態などを確認しつつ場の空気を温めましょう。

相手の身構えた気持ちや先入観などを事前にほぐせれば、商談自体が楽になります。内容も軽いものから入り、自然に本題へとつながるものを選びましょう。なにげない時事問題などからスムーズに本題に入れるのも「デキるビジネスパーソン」のテクニック。季節や相手の興味ごとにさまざまな知識を持ち、どんな話題にも自分の仕事との関連性を持たせられると、商談で大いに役立ちます。

相手との信頼関係がまだ築けていないときほど、バラエティーに富んだ話題を投げかけ、反応を確認しましょう。反応のよいテーマがあれば、そこからさらなる情報を引き出せます。

雑談に適した話題

❶ 天候 ……………………「晴れた日が続いて気持ちがよいですね」
「今年も桜が色づき始めましたね」
❷ 最近のニュース …「今朝のニュースで□□が流行していると聞きました」
❸ 健康 ……………………「花粉症がひどくて…」
「風邪をこじらせない方法をご存じですか」
❹ 趣味 ……………………「最近スポーツを始めたそうですね」
「なにか、おすすめの映画はありますか」
❺ 旅行 ……………………「この季節は□□地方がきれいですよ」
❻ 出身地・出身校 ……名産品について・場所について
❼ 住居・建物 …………住んでいる場所・地域について

相手と談笑できる話題を持っていると、その後の商談をスムーズに進めやすいでしょう。気候や趣味、当日のニュースなどは確実に押さえておくべきです（P64、P96参照）。

POINT 相手が不快になる話や議論になりやすい政治・宗教・信仰などの話題は避けましょう。また、雑談で出た個人的な話を覚えていることで、親近感を演出できます。折を見てそれを話題にすると、好印象になる可能性大。

交渉するときの流れ

1 あいさつ 「こんにちは。いつもお世話になっております。
本日はお忙しいなかお時間を頂きまして、ありがとうございます」
と、明るくさわやかなあいさつで交渉をスタートさせましょう。

2 雑談 「そろそろ暖かくなってきましたね。来月のゴールデンウィークはどうお過ごしですか」
などと雑談をして、ウォーミングアップしましょう。

3 本題 「ところで、本日お伺いいたしましたのは…」
「それで、本題なのですが…」
などと、交渉の本題に入っていくとスムーズです。

初めて会う相手とは

✕「田中です。よろしくお願いします。」

○「初めまして、△△会社の田中和也と申します。
よろしくお願いいたします。今日は寒いですね」

◎ 初めまして。△△会社の田中和也と申します。初めてこちらにお伺いしましたが、とてもきれいなビルですね

POINT 初めての交渉であれば、時候の話題が無難。初訪問の感想などを抑揚をつけて告げられると、取ってつけた感じがなくなります。

何度か交渉したことのある相手のとき

✕「じゃ、本題なのですが…」

○「先日もお話いたしました内容についてですが…」

◎ 先日はありがとうございました。
この間おっしゃっていたお嬢さんの結婚式はいかがでしたか

POINT 前の雑談で得た情報を話題にすることで、お互いのつながりを意識させ、スムーズに交渉に入れます。

話し合いが長くなりそうなとき

✕「それで…□□が…」と気にも留めない

○「長くなってしまって申し訳ございません」

◎ 少し長くなるかもしれませんが、お時間よろしいでしょうか

POINT 相手の予定に気を配ることが大事です。

企業再生 過剰な設備や債務を抱える企業を立て直すこと。1999年に産業再生法が施行され、その適用を受けると、企業再生のための税制支援措置、日本政策投資銀行からの低利融資などが適用される。

交渉する②

信頼される話し方

相手の主張に耳を傾け、自分の誠意を見せる

経験が浅いうちは、社外の相手との交渉で緊張してしまうのは当然のこと。友達どうしで気安く話しているのとは違い「会社」対「会社」の交渉となるからです。交渉はいくつもの場数を踏んで初めて、経験に裏打ちされた自信が身につけられるのです。相手もそれはわかっているはずですから、これを気にして卑屈になったりする必要はありません。むしろ正確に誠実に、内容を伝えることに集中しましょう。

交渉で信頼を勝ち得るには、論理的に話を展開することが必要です。まずテーマを明確にし、自分の結論を述べます。そしてそこに至った過程を、メリットとデメリットなどの要素に分けて説明するのです。こうして限られた予定時間で言うべきことをすべて伝え、相手の意見もきちんと聞ければ、まず成功です。交渉術を身につけることは、ビジネスパーソンとしての価値を高めます。

交渉時の大切なポイント

- 卑屈にならない
- 横柄にならない
- 誠意を持つ
- 必要なことははっきり主張する
- 相手の主張に耳を傾ける
- 「押す」ところは押し、「引く」ところは引く

質問・要望に対して

- 相手の話はさえぎらず、最後まで聞きます
- 答えるときには、相手の表情を見ながら、理解しているかどうかを確認して話します
- 重要な項目に関しては、復唱します

ここだけは譲れないということには

× 「いや、これ以上安くするのは無理ですね」

○ 「料金につきましては、これが当社でできる最大の努力でございます」

◎ 料金につきましては、これが当社でできる最大の努力ではございますが、それ以外に、□□といったサポートもさせて頂きたいと思っています

POINT もし譲れない部分があっても、相手の話を「無理です」とはねのけてしまうのではなく「確かにそうですね」などと受け入れる姿勢を見せたり、ほかに付加できるサービスや、譲れる部分を提示したりすることが大事。

相手の要望が手に負えないときは

× 「ちょっとわかんないですねー」

○ 「私ではお答えしかねますので、いったん持ち帰らせてください」

◎ なるほど、○○の点についてですね。私からの即答はいたしかねますので、一度確認させて頂いてもよろしいですか

POINT 「このくらいなら大丈夫だろう」などと勝手に自己判断せず、きちんと確認をするようにします。

マイナス金利 短期金融市場のコール市場で取引される金利（コールレート）が2003年6月25日に初めてマイナスとなり、資金の貸し手が借り手に利息を支払うような状態となった。

交渉する③

要求に沿って動いてもらう・相手を動かすとき

相手に敬意を払い、遠慮はしない

交渉相手との関係には、大きく分けると3つの種類があります。

①対等な立場
②相手が上位(得意先など)
③相手が下位(下請先など)

しかし、交渉はあくまで仕事を円滑に進めるための方策であり、交渉内容自体には上下関係はありません。ですから指示や直してほしいことに関しては、卑屈になったり、横柄になったりしないで、躊躇せずきっぱり伝えます。

ここで留意することは、何をすべきかが相手にとって明確であるかどうかということのみです。

要求したものの期限や質については、できるだけ相手から約束の言葉を引き出しましょう。それが履行されなかったら理由を確認し、毅然と対応します。完成度の高い仕事をしたいならば、遠慮は不要です。

ただし相手の経験や専門分野には敬意を払いましょう。自分にできないことをして頂いているという意識で、言葉づかいは丁寧に、態度は礼儀正しく、を厳守します。

NG

こんな人とは交渉したくない

① なにを要求しているのかあいまい
② やってもらってあたりまえという横柄な態度
③ 言っていることが矛盾している
④ 頼み方がそっけない
⑤ 話に一貫性がない
⑥ 自分勝手
⑦ 威圧的
⑧ 無責任
⑨ 怒りっぽく、すぐ感情的になる

共同作業をするとき

✕「これは～にやってくださいよ」

○「これは～したらどうでしょう」

◎ これは～したらもっとよくなるのでいいのではないかと思うのですが、どうお考えですか

POINT 「こうしたい」と伝えるときには「こうしたいのですがどう思いますか」と相手を立てられるとよいでしょう。

相手に任せるとき

✕「これ、□日までにやってください」

○「では、よろしくお願いいたします」

◎ では、お任せしますのでよろしくお願いいたします。なにかございましたら、遠慮なくご連絡ください。私も定期的にご連絡差し上げます

POINT 後でトラブルにならないよう、いつでも連絡を取り合えることを伝えるとベター。

意図に沿って動いてもらうとき

✕「言った通りにしてください」

○「○○して頂けませんでしょうか」

◎ ○○の部分はこのようにして頂いてもよろしいですか

POINT 自分が指揮をとる場合は、特に威圧的にならないよう意識する必要があります。命令ではなく「お願い」の形で話しましょう。

断られたら

✕「じゃあ、いいです！」

◎ 今回は残念な結果になってしまいましたが、今後ともよろしくお願いいたします

POINT まず理由を具体的に聞き、折り合いがつけられないと判断したら相手の意志を受け入れましょう。強く押し過ぎて悪い印象を持たれる方が、今後の関係を崩す危険性が増します。

自己資本比率　銀行などの金融機関が保有する貸出残高や保有有価証券などに対する、資本金や引当金などの自己資本の比率。自己資本比率が高いほど、企業の経営状態が安全であるといえる。

意見を聞く

好感を持たれる聞き方

相手の気持ちに寄り添う

聞き上手とは、どんな話題にでも関心を示して聞ける人です。話し手が話すことのひとつひとつに共感しながら聞く態度は、とても好意的に感じられるので、聞き上手はだれからも好かれます。話し手は、自分の話に興味を持たれたり、反応してくれたりすることをつねに望んでいるからです。

どんなに自分の主張をしっかり持っている人でも一方的に話すだけでは、会話は発展しにくくなります。ですから「あなたの話をきちんと聞き、理解したい」という気持ちを、あいづちやしぐさなどで示すことが聞き上手への第一歩です。

相手の意見に寄り添って話を聞くのか、否定や無視をしながら話を聞くのか、その違いが聞き上手か否かの決め手となるのです。

こんな人が「聞き上手」

①うなずきながら聞いてくれる人

②話をさえぎらない人

③否定せずに意見を述べてくれる人

④メモを取りながら聞いてくれる人

⑤親身になって聞いてくれる人

POINT 「この人はしっかりしていて信頼できそうだ」と思える人には、いろいろと話してしまうもの。すぐ否定的な発言をしたり、横やりを入れたりするようでは、信頼を得られず、聞き上手にはなれません。

相手の意見の聞き方

✕「へー」「そうっすか」「はいはい」

○「なるほど」

◎ そうですね。ごもっともです

おっしゃる通りです

POINT 相手の発言をないがしろにするような態度はNG。しっかりうなずきながら聞き「まったくその通りです」など同意してみせると、相手も話しやすいでしょう。ただし何度も同じあいづちを打つのはNG。

お互いの意見をすり合わせるとき

- 「ここだけは譲れない」という部分を自分で確立しておく
- 相手の話を好意的・肯定的な気持ちで聞く
- 自分の意見ばかり通そうとしない
- どちらかの意見を通すのではなく、うまく融合させる方法を考える
- 感情的にならない
- 一方的に否定しない

POINT 意見をすり合わせるのは、お互いにとって有益なものにするため。自分の考えだけを一方的に押しつけてはいけません。また、何でも相手任せにするのもNG。どうしたらたくさんの意見を反映させてよりよいものを作れるかを基準に提案しつつ、自分もつねに考えるようにします。

話の軌道修正のしかた

とてもいい意見ですね。ただテーマがふくらみ過ぎているので、まず××をまとめましょう

議事録には次の決定事項が××とありますので、そちらに移らせて頂きます

POINT 脱線していることを相手に認識させ、当初の議題にすみやかに戻すようにします。

予期せぬ意見が出てきたとき

本日中に決定したい議題は○○と××ですので、その件に関しましては後日また機会を設けて検討いたしたく存じます

それはおもしろいですね。担当者に伝えてもよろしいでしょうか

POINT 本来の議題をもう一度確認し、新たな意見については別の機会に、ということを強調します。

メガバンク 大規模な統合や合併によって生まれた巨大銀行グループのこと。「三菱UFJフィナンシャル・グループ」「みずほフィナンシャルグループ」「三井住友フィナンシャルグループ」などがある。

話をまとめる

商談の結果を確認する

1時間をリミットに成果をまとめる

互いの貴重な時間を割いて会うのですから、意思の統一をしっかりして、その日の成果を確認し合わなくては商談の意味がありません。

人間の集中力が続くのはせいぜい1時間程度。長時間だらだら話すのではなく、集中して意見を交わしましょう。それまでに話がまとまらなかったとしたら、それは準備不足といえます。

商談をまとめる合図は、訪問側から出します。契約の内容やその日の決定事項、今後の課題や次回日程の確認などをすり合わせて復唱し、相手と確認し合います。

「それでは、本日の決定事項は××で、今後の課題は○○ということでよろしいでしょうか。では、次回は×日の×時にお伺いいたします。よろしくお願いいたします」などと要点を確認できれば相手との意思の疎通がはかれて、その日の商談は終了です。

まとめ方のフロー

1. 商談は1時間以内がめやす
2. 話をまとめる合図は訪問者側から出す
3. 決定事項と今後のスケジュールを確認する
4. 相手の確認が取れたところで終了
5. 帰るまぎわまで気を抜かない

結論の出し方

◎ メリットとデメリットを明確にしましょう

○○の意見と××の意見をすり合わせると、こうなりますね

POINT だらだら話すのではなく、要点をまとめてわかりやすく結論を導き出すのがコツ。

確認のしかた

◎ ここまでの××については、□□という結論に達したという見解でよろしいですか

今の意見は、××ということでしょうか

POINT 話をまとめるときだけでなく、区切りのよいところで、そのつど確認していく習慣をつけると、結論に持っていきやすくなります。

自分の裁量では決められないとき

◎ 上司と相談のうえ、○月×日までに結論をお伝えしたいと思います

この案件は私の裁量を超えております。社としての許可を得てからのお返事でよろしいでしょうか

POINT 推測やあいまいなことを言わず、上司の判断を仰ぎます。その際、回答がいつになるか明確にします。

こう着状態のとき

◎ この件については一度持ち帰り、お互いに考え直してみませんか。再提案させてください

POINT 集中力が切れたり、議論が嚙み合わなかったりする場合は、時を改めるか、論点をしぼることに注意を向けるようにします。

次回の約束をする

✕ 「次回は○月△日にお伺いします」

○ 「次回は○月△日くらいにお伺いするということでいかがですか」

◎ 次回の訪問は、1週間後くらいでいかがでしょうか。
……では、○月△日の13時にお伺いさせて頂きます

POINT 次回の予定は、その場で先方と協議するようにします。だいたいのめやすを提案し、「○月△日にしたい」と言うより「○月△日はいかがですか」とお伺いを立てるような気持ちで。

次回までにやっておくことを確認する

✕ 「では、あれ、やっておきますので…」

◎ では、次回こちらにお伺いするときに、先ほどの△△の見積りと××の見本をお作りしてお持ちいたします

もう一つ、□□の件は、帰社後、調べてすぐにお返事いたします

POINT 決まったことの復唱とともに、次回までにやっておくことの内容を確認します。帰社後すぐに確認できることであれば付け加えます。

M&A 〔Mergers and Acquisition〕企業の合併＆買収の総称。その手法としては、合併、株式の譲渡・取得、営業譲渡・譲受、株式移転・交換、会社分割などがある。

退席する

退席のマナーとアフターフォロー

商談終了後のフォローアップで印象アップ

商談後の流れとしては、訪問先でお茶を頂いていたらふたを閉じ、椅子に腰かけていたら立ち上がって両手で整えます。その後、忘れ物がないか確認します。そして「本日はありがとうございました」と言い、退席します。見送りをしてくれたら再度お礼を述べ、商談相手以外の社員にも会釈します。これは社を代表して訪問している者としての最低限のマナーです。コートや帽子などは相手の会社を出た後に着ましょう。

帰社後は、すぐにメールや電話をして、その場では言えなかった感謝の気持ちを伝えましょう。相手が年配だったり会社にとって重要な人だったりした場合は、手紙を書くことも有効です。その日のうちに手紙をしたため、すぐに礼状が届くようにできる人は、おしなべて広い人脈をもち、成功を収めています。迅速にこのような気づかいができれば信頼感も高まり、あなたの印象がアップするでしょう。

メール・手紙でのフォロー

メール例　文面

○○さま
本日は貴重な機会を与えて頂き、誠にありがとうございました。
このたびの商談で、ますます貴社とお取引させて頂きたいという意思を強く抱きました。機会を与えて頂けるのなら、是非△月△日にさらに詳しい商談をさせて頂きたいと存じております。
よいお返事をお待ち申しております。
何卒よろしくお願い申し上げます。
×月×日　高橋雄二 拝

手紙例　文面

○○さま

本日は貴重なお時間を割いて頂き、誠にありがとうございました。前回、前々回と説明させて頂いた商品の最終案は、いかがでしたでしょうか。弊社のプロジェクトチームは、貴社との取引を強く望んでおります。ぜひとも、契約を結んで頂ければと存じております。それでは、△日×時にご連絡させて頂きます。よいお返事をお待ち申しております。

×月×日　高橋雄二 拝

POINT お礼状は、すぐに出しましょう。簡潔でかまいません。それだけでも、あなたの印象がかなりよくなります。

退出のあいさつ

✕「さようなら」

◎ お忙しいところをありがとうございました。
今後ともよろしくお願いいたします。失礼します

◎ そろそろ失礼させていただきます。
長々とおじゃましまして申し訳ございませんでした

◎ お忙しいところおじゃまして失礼いたしました。
では明日、またご連絡させて頂きます

◎ おかげさまで、きょうは大変よい結果となりました。
ありがとうございました

POINT 辞去のあいさつは過去形で言います。当日の会合の成果に感謝するような言い方をすると、全体の印象がよくなります。「さようなら」はビジネスの場では使いません。

フォローアップの電話

◎ 先ほどそちらにお伺いしました△△社の○○です。本日はお忙しいなか、お時間を頂きありがとうございました。社に戻りまして課長に報告しましたところ、大変喜びまして、また改めてごあいさつに伺いたいとのことでございました

POINT 会社に戻ったらすぐに、その日の感謝の気持ちを伝えるアフターフォローを行うようにします。その際、その日の商談の結果をスタッフや上司が喜んでいる、などと具体的なエピソードを入れると、より相手に印象的に伝わります。

◎ ところで先ほど、確認してご連絡すると申し上げました□□の件ですが、担当部署に問い合わせましたところ、すぐにはわかりかねるということでした。○月△日の月曜に回答が出ますので、そのときまた改めてご連絡させて頂くということでよろしいでしょうか

POINT 「帰社したら調べます」と伝えていたことがあれば、すぐにフィードバックします。もしそれが、すぐにわからなかったり、調べるのに時間がかかってしまったりするような場合は、その旨を伝えて、いつごろ回答が出るのかを明確にします。いずれにしろ、答が出るまでなにもせずに放置しておいてはいけません。

ディスクロージャーシステム　企業内容開示制度。企業が株主や取引先、従業員などの利害関係者に、経営内容に関する情報を公開する制度。一般投資家の保護、株主への受託責任などを目的として行われる。

帰りたい、退席したい

スマートな退席のしかた

正直に予定を伝えよう

「帰りたいのに帰れない」「退席したいのに言い出せない」こんな経験をしたことのある人は多いことでしょう。

もし、打ち合わせや会議などが長引き、次の予定の時間が迫っていたり、早く帰りたいときなどは正直にそれを伝えてしまうのが、最善の方法です。また、次の予定が決まっているときは、事前に伝えておくのもよいでしょう。

ただし、途中退席や帰宅をするときには、別れ際のあいさつが大切です。きちんとしたあいさつなしに退席するようでは社会人としての常識を疑われますし、急に不在になったことで無用の心配をされることもあるかもしれません。

帰り際には、自分との商談のために時間を割いてくださったことに対して感謝の気持ちを述べ、途中で失礼することに対するお詫びの言葉を添えます。そうすれば、必ずその気持ちが伝わりますし、相手に不快な思いをさせることもありません。「去り際はスマートに」が、ビジネスパーソンのマナーです。

話を終わらせるフレーズ

「こんな時間まで申し訳ございません。この後のご予定は大丈夫ですか」

「気づけばもう□時ですね」

「ついついたくさんお話してしまいました」

「では、次回もよろしくお願いいたします」

「本日はありがとうございました」

「では、次回までに××をやっておきます」

「では、次回の打ち合わせの日程はいかがされますか」

誘いを断るとき

✕「今日はちょっと無理なんです…」

○「せっかくなのですが、
外せない用がありまして、
本日は失礼させて頂きます」

◎ あいにくですが、
本日は都合がつかずに失礼いたします。次回はぜひ、
ご一緒させて頂きたいです

POINT 外せない用事があることを伝え、謝ってから、行けなくて残念であるという気持ちを言外に含めます。そのうえで「次回はぜひ！」と言い添えましょう。

早く切り上げたいとき

✕「じゃ、そういうことで」

○「では、今回は
○○という結論でよろしいですね」

◎ 今回は○○で話がまとまった
ということでよろしいですね。
このことはまとめて後日、
メールでお送りします。
本日はありがとう
ございました

POINT 終了時に商談の内容をまとめ、確認を取ります。さらに商談内容をまとめたものを相手に送れば、ブラッシュアップも可能となります。また別れ際は、自分との商談に時間を割いてくださったことへの感謝を忘れずに。

席を中座したいとき

✕「ちょっと待っててください」

○「すみません。少しの間中座させて
頂いてもよろしいでしょうか」

◎ 申し訳ございません。どうしても
電話をしなければならないので、
少しの間中座させて頂きます

POINT 中座の目的を知らせることも重要ですが、それ以上に大事なのはタイミング。話の途中で突然中座を宣言するのは、どんなに丁寧な言葉を使っても相手に不快感を与えます。会話が一段落した瞬間に中座する旨を伝えましょう。

そろそろ帰りたいとき

✕「そろそろまとめてもよいでしょうか」

◎ 申し訳ございません。○時から
別の打ち合わせが入っています
ので、そろそろおいとまさせて
頂きたいのですが、よろしいで
しょうか

POINT 出された飲み物を飲み干す、茶碗のふたを閉める、時計をチラッと見る、などがビジネスで話を切り上げるときのテクニック。

GDP〔Gross Domestic Product〕国内総生産。国民総生産（GNP）から、「海外からの純所得」を引いたもの。国内で生産されたものの合計。国内の経済活動の水準を示す指標となる。

指示する

人を動かすとき

優先順位を明確にわかりやすくする

ビジネスを円滑に進めるためとはいえ、やはり指示を出しにくい相手というのはいます。目上の人、専門知識がとても豊富な人などパターンはさまざまですが、どうあれ、その業務の責任者が自分なら、全体を把握し、なにか生じたら各人の仕事に敬意を払いつつ、わかりやすく指示するようにしましょう。ポイントは、やるべきことの期限と質を明確にして権限を部分委譲し、責任を持ってもらうことです。

指示するときに、まずすべきなのが、そのプロジェクトの全体像を伝えることと、何が最重要項目であるかを伝えることです。これらを伝えることで、仕事の手順も明確になります。

また、細部にわたって色々な指示をし過ぎないのもポイント。何が重要かがぼやけてしまいます。相手が考えて自発的に動ける余地を残した方が、モチベーションも高まるうえ、相手の持ち味を引き出すことができます。こうすることで業務自体の完成度が高まるのです。

指示を出すときのポイント

- 最初に全体像を教える
- どの部分を任せるかを伝える
- 5W3Hで伝える
（P50参照）
- 優先順位を伝える
- やり方は各自に任せる

やって欲しいことを伝える手順

1 「○○の件についてなのですが」
と用件やプロジェクトの全体像を話す。

2 「そのなかで、××の部分をこのようにやって頂きたいのですが」
と内容や締切りなど、して欲しいことの詳細を話す。

3 「お忙しいところ恐縮ですが、
お願いできませんか」
と相手に確認する。

POINT 一方的な命令にならないよう、態度には
気をつけ、指示は具体的に。

NG **全体像を教えずに進めてもらう**
全体像を教えないと相手がどう動けばよいか
わからず、場当たり的で非効率な動き方になってしまいます。

難しいことを要求するとき

✕「とにかくやってください」

○「ちょっと難しいかもしれませんが、よろしくお願いいたします」

◎ 少し複雑ですが、あなたのお力がどうしても必要です。
取り急ぎ□日までに、ここまで進めて頂けませんか。
なにかあればすぐ対応いたします。
遠慮なくご相談ください

POINT 「できなかったらどうしよう」と相手に不安を持たせたまま
の指示ではNG。フォロー態勢をアピールしましょう。

一度やったものを直してもらう

✕「これ、急ぎでやり直してください」

○「大変恐縮ですが、こちらをこのように直して頂けませんか」

◎ 私の説明不足で進行が遅れ、
誠に申し訳ございませんでした。
このようにすると最速で直せるのではないか
と思いますが、いかがでしょうか

POINT 上司からの急な変更などではないやり直しなら、
相手を責めるのではなく「自分の説明不足で･･･」と謝り
ながら、直すための具体的な方法も含めて再度指示します。

BRICs 近年、世界平均を上回る高水準の経済成長を遂げているブラジル(Brazil)、ロシア(Russia)、インド(India)、中国(China)の頭文字を合わせたもの。sは複数形を表すが、南アフリカ(South Africa)を指す場合も。

BUSINESS MANNERS

会社以外での打ち合わせ

オフィス外の場所・個人宅でのマナー

いつも以上に「人の目」「人の耳」に注意

　取引先との打ち合わせは、いつもオフィス内の応接室や会議室で行うばかりではありません。社内に適切な部屋が確保できない、同行する前に落ち合う、食事をしながら打ち合わせるなど、社外で行う機会は多々あります。このときに気をつけなければいけないのが、普段以上に人の目、耳があることを意識するということ。話の内容が、どこで誰に聞かれているのかわからないので細心の注意が必要です。

　また、生命保険や銀行などの金融関係や、車のディーラーなど、個人宅へ伺って商談する機会が多い職種もあります。個人のお宅は、会社などのパブリックな場所とは違い、プライベートな空間ですので、振舞いには充分に気をつけなければなりません。

　このように、会社以外の場所で行う打ち合わせには、社内で行うのとはまた別のマナーが必要となります。慣れない場所だからこそ、細心の注意を払うのが、すぐれたビジネスパーソンといえるでしょう。

社外で打ち合わせるときの場所の選び方

- ホテルのラウンジやティールームなど、テーブルとテーブルの間隔がゆったりとしたところ
- 交通の便のよいところ
- 場所がわかりやすく、間違えにくいところ
- 静かな雰囲気で落ち着いたところ

個人宅にあがるときのNG

NG

- 靴下、ストッキングが破れていたり、靴の中敷きが汚れている
- 食事時間に訪問する
- 畳の縁や敷居を踏む
- 座布団を踏む
- 部屋の中をきょろきょろ見回す
- トイレを借りる

社外で打ち合わせるとき

●打ち合わせ相手が初対面の場合

✕「どーも。××社の野辺さんじゃないですか」

◎ 失礼ですが、野辺さまでいらっしゃいますか。
△△社の佐藤百合子です。本日はご足労頂き、
ありがとうございます

POINT 相手の会社の名前は大きな声で呼びかけないようにします。また、自分の名前はフルネームで名乗り、時間を割いて来て頂いたことにまずお礼を述べます。

●打ち合わせの内容について

✕「△△の金額の件ですが、やっぱり500万円でやって欲しいんですが」

◎ 先日お話ししました件ですが、……（紙に書く）この金額で
お願いできればと存じます

POINT 案件名や金額などは声に出さないのがマナー。どうしてもというときは、紙に書くなどして筆談で。

【注意点】

●打ち合わせ相手が初対面の場合

・待ち合わせの場所などは、事前にFAXなどで地図を送っておく。
・携帯電話の番号を交換しておく。
・10分以上前に店に着き、入り口の見える場所に席を取る。
・自分の持ち物などの目印、特徴などを教えておく。

POINT 話が長引きそうな場合は、飲み物の追加などの心配りも忘れずにしましょう。支払いは、用件を持ちかけた側が負担します。

個人宅を訪問するとき

✕「どうもどうも。○○社の小林です。思ったより早めに着けました。
（ご主人は）いますか？」

◎ ごめんください。○○社の小林和記と申します。
ご主人様はおいででしょうか

POINT 個人宅を訪問するときは、相手のプライベートな空間であることを意識して、普段以上にマナーや敬語に気をつけます。また、たとえ定刻前に到着したとしても、周辺で時間をつぶすなどして約束の時間ちょうどに訪問するようにします。

TOB〔take over bid〕株式公開買付。企業の経営支配権の獲得や強化のために、不特定多数の株主に対して株式の価格や数などを公告し、証券市場の外で大量の株式を買い付けること。

言いたくないことをうまくごまかす

上手なかわし方

大人の対応で切り返そう

社外、社内を問わず、ビジネスパーソンとして社会生活を送るなかで、無神経なことを言われたり、答えたくないことを問われたりする機会もあるかもしれません。たとえば、年齢を聞かれたり、未婚なのか既婚なのかを詮索されたり、恋人の有無、住んでいる場所など、多くはプライベートな話題がそれにあたるでしょう。

また、社外では、年収や会社の業績、社内事情など、公にできないこと、したくないことを聞かれる場合もあるかもしれません。そんなとき、むやみに怒ったり、不快な感情を顔に出してしまうのは社会人としてはよい対応とはいえません。特に、それが取引先の人だったりした場合はなおさらです。上手に受け流す、ユーモアで切り返すなどの、大人の対応を身につけましょう。これさえ身につければ、遠慮のない先輩や上司などの興味本位の質問からも身を守れるはず。社外の人から社内機密などについて聞かれた場合の対応はP105を参照してください。

こんなアクションも効果的

会話の流れを変えるためには、こんなことをやってみるのもひとつの手。

- **時計を見る**
  小さく「あっ」と言って慌てるような演技をするのも効果的。
- **カバンを開けて何か探すふりをする**
  間が開くので、話の流れを中断できます。
- **ノートや資料を机の上で軽くとんっとそろえる。**
  「話はおしまい」の合図になります。

いずれもあからさまにし過ぎると相手に失礼になるので、ほどよくかげんします。

ユーモアでごまかす

◎ これでも結構ナイーブなんですよ

その質問にはお答えしかねます

ご想像におまかせします

POINT いつでも使える方法ではありませんが、ユーモアで「言いたくない」という意思を伝えられます。もちろん表情はあくまでもにっこりと笑いながら。無表情に言うと、けんかを売っているようにも聞こえかねません。

話題を転換してごまかす

◎ さっきおっしゃっていた××の件ですが

そういえば××の話ですけれど

ところで

POINT 話を中断させ、流れを変えるのに便利なフレーズです。あたかもその前までの話はなかったかのように自然に話題を転換します。やや大げさな表情とアクションを添えると、案外わざとらしくなくなります。

質問をうやむやにしてごまかす

◎ さあ、どうでしょう

いろいろですよね

どう思われますか

POINT 質問自体をうやむやにしたり、すり替えたりします。話に入り込まない姿勢を見せることで、打ち切りたい気持ちを表します。この後話題を転換するフレーズが使えるとかなりの上級者。

沈黙でごまかす

答えたくない質問には、案外「沈黙」という手が効きます。積極的にあいづちを打たないというのもよい方法です。また、申し訳なさそうな表情をする、あいまいな笑顔をするなどのテクニックも場合によっては使えます。

NPO 〔Non Profit Organization〕非営利事業体。政府・自治体や私企業から離れた存在として、市民の支援を受けて社会的な公益活動を行う組織・団体。非営利団体、民間非営利組織。

コラム

季節の話題もこれでOK①

太陽が地球の周りを一周するのにかかる時間は、365．2422日。これを「太陽年」といいます。私たちは「1年＝365日」とし、閏年《うるうどし》を取り入れることによって、太陽年とのずれを調節する「太陽暦」で生活しています。暦にはほかに、月の運行を基準とし「1年＝364日」とする「太陰暦」、太陰暦に太陽暦の要素を加えた「太陰太陽暦」があります。

太陰太陽暦で季節を正しく示すために設けられた、暦上の点に「二十四節気《にじゅうしせっき》」があります。1太陽年を24等分し、それぞれに名称を与えたもので、年によって日が変わります。四季に恵まれた日本では、現在もあいさつなどに、そのような古来の季節の言葉が生きています。そのうちのいくつかを、以下に紹介してありますので、会話のなかに、ぜひ取り入れてみてください。

●1月

元日～7日／松の内（まつのうち）
正月の松飾りをかけておく期間。これ以降は外すように（15日までとする地域もある）。

7日／七草（ななくさ）
無病息災を願い、春の七草を入れて炊いた七草粥を頂く。疲れた胃をいたわる意味も。

11日／鏡開き（かがみびらき）
お供えしていた鏡餅をさげて、頂く日。刃物で切らず、木づちや金づちで叩いて開く。

20日ごろ／大寒（だいかん）
二十四節気のひとつ。一年中で一番寒い日の意だが、少しずつ春へ向かうきざしも意識されるころ。

●2月

3日ごろ／節分（せつぶん）
季節の替わり目を示す節分が春のみ定着したもの。立春の前日、鬼を追い払い福を招く豆まきを行う。

4日ごろ／立春（りっしゅん）
二十四節気のひとつ。春の始まりとされ、八十八夜や二百十日などは、この日を基点として数える。

●3月

3日／雛祭り（ひなまつり）
女の子の健やかな成長と幸せを願う祭り。段飾りの雛人形のほか、川に流し雛をする地域も。

21日ごろ／春分（しゅんぶん）
二十四節気のひとつ。昼と夜とが、ほぼ同じ長さになる。太陽年は、春分から春分までを数えたもの。

●4月

5日ごろ／清明（せいめい）
二十四節気のひとつ。空気に花の香りが漂い始め、万物が清く陽気になる時期とされている。

20日ごろ／穀雨（こくう）
田畑を潤し、百穀の生長を促す春の雨。自然を敬い感謝する、農耕民族の謙虚な姿を映す名前。

●5月

八十八夜（はちじゅうはちや）
霜の害がなくなり、種まきによい時期として待たれていた日。このころ摘まれた茶は美味とも。

5日／端午（たんご）
鎧兜や武者人形を飾り、男の子の健やかな成長と健康とを願う祭り。鯉のぼりは立身出世も象徴。

6日ごろ／立夏（りっか）
二十四節気のひとつ。のどかな春の空気から、さわやかな活気へ。暦の上では、この日から夏が始まる。

※6月以降はP.160に掲載

PART 6

ピンチのとき！ とっさのひと言

こんなときどう言う？ 慌てず話そう

BUSINESS MANNERS

失敗したとき

間違いはだれもが起こすもの

ミスには後悔でなくフォローで対処

なにごとにおいても経験の浅いうちほど、いざ失敗してしまったときに対処法がわからず右往左往したり、パニックに陥ったりするもの。少し思い返しただけでも、さまざまな状況で思いあたることがあるでしょう。

仕事も同様です。今は優秀なビジネスパーソンも、若手時代に多くの失敗を重ね、そのつど対処してきたからこそ今日があるのです。

「ミスは必ず起こる」ということを覚えておいてください。この心構えができていないと、ミスへの適切な対応ができなくなります。たとえミスをしたとしてもフォローさえしっかりできれば、ピンチを大きなチャンスに変えることができるのです。失敗した後にどう考え、どんな言葉を発し、どう行動するか。これこそが若手のビジネスパーソンに必要なスキルといえます。

先輩の意見

先輩はこう切り抜けた

30代男性（メーカー）

新入社員のころ、取引先のOA機器のメンテナンスに予想以上に時間がかかってしまったんです。そこで「新人で慣れてないもので…」と言ったのが原因で、先方をかなり怒らせてしまったのです。

ここで私は、その取引先で使われている他社製品のマニュアルを取り寄せて知識を得たうえで、もう一度赴いたのです。「先日は申し訳ございませんでした。あれから御社にある機器すべてを勉強いたしました。弊社製品以外にもなにかお困りでしたら、承りたく存じます」と伝え、コピー機を修理しました。

すると相手は態度を軟化させ、今回の働きぶりを会社に報告してくださったのです。それからは良好な関係を築き、その取引先にあるすべてのOA機器を自社製品にできました。

よくある若手の失敗

- 相手の名前を間違える
- 話の内容を聞き間違える
- 仕事の趣旨をうまく伝えられない
- 緊張してしどろもどろになる
- 失敗を自分の力だけでなんとかしようとして、よりひどい状況に陥る

相手を怒らせてしまったら

1 すぐに「申し訳ございませんでした」と謝る

どちらに非があるかではなく、まず相手に迷惑をかけた、あるいは不快にさせた行為に対して謝罪します。

2 今後の対応について伝える

すぐに上司に報告し、そこで決めた対応を「すぐに□□させて頂きます」と伝えます。

3 良好な関係を続けられるようにする

「今後はこのようなミスを起こさないよう気をつけ、次回に生かしたいと思います」

などの言葉で誠意を示し、関係をこれ以上悪化させないようにします。

NG すぐ言い訳をする

×「初めてなもので…」　×「忙しくて…」

×「ばたばたしていたもので…」

これらは言い逃れとしかとらえられません。怒っている相手には、まさに火に油を注ぐようなもの。絶対に言わないようにしましょう。

自分の失敗に気づいたら

×「私は○○だと思っていたのですが…」

◎ こんな間違いをしました。申し訳ございませんでした

POINT ミスをしてしまったら、自分から謝りましょう。気づいたら、指摘される前にすぐに言うこと。失敗はありのままに話します。言い訳や自分の意見から始めるのはNG。

失敗した後には

なぜ失敗したか考える

原因を分析し、どうすればこの失敗をしなかったのかを考え、再発を防げるようにします。

落ち込み過ぎず前向きに

落ち込んでしまうとほかのことにも身が入らなくなりがち。失敗を糧に、プラス志向で自分がどう成長できるかを考えましょう。

CS〔Customer Satisfaction〕顧客満足度、消費者満足度。購入した商品に対する顧客の満足度を探る指標。企業の成長には欠かせない顧客の獲得に直結しているだけに、昨今、特に注目されている。

謝る

好印象を残すために

ハードな「ピンチ」もハートで「チャンス」に

ミスを犯したときは、その後のフォローが大切です。このフォローとは失敗をした瞬間にその場で謝ることから始まります。このときの謝り方しだいで許してもらえることもあれば、怒りを買って、その後の関係の重大な損失につながってしまうこともあります。

相手の気分を害してしまうことは、紛れもないピンチです。怒りも感情のひとつ。無関心でなくなにかしらの感情を抱かれたということは、逆にいえば自分を記憶してもらったということでもあります。

ですから上手に謝罪して許しを得られたら、自分を相手に鮮烈に印象づけられたということ。これだけでその後の関係に大きなプラスとなります。心の底からの謝罪が必要であるのは言うまでもありません。つまり謝り方ひとつで、ピンチはチャンスに変えられるのです。これを早いうちに覚えておきましょう。

好印象を持たれる謝り方

❶ すぐに謝る

自分のミスに気づいたら、なにをおいてもすぐ謝罪します。しっかり相手の目を見てお詫びの気持ちを示してから、頭だけでなく上体をしっかり倒して謝罪しましょう

❷ 気持ちを込める

口先だけで「申し訳ございませんでした」と言っても、気持ちが込もっていなければ相手には伝わるもの。気持ちを込めて謝りましょう

❸ 言葉を選ぶ

「すみませんでした」という言い方は、ビジネスの場では軽い印象があります。「申し訳ございませんでした」のひと言が自然に出せるようになりましょう

よく使うフレーズ

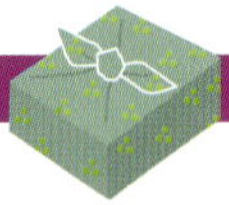

大変失礼いたしました

申し訳ございません

さっそく調べまして、すぐにご返事いたします

まことに不行き届きで、申し訳ございません

私どもの手違いで、
ご迷惑をおかけいたしました

ひとえに私どもの責任でございます

おっしゃることはよくわかります

今後は十分注意いたします

ご親切に注意してくださいまして、
まことにありがとうございます

今後とも、お気づきの点がございましたら
ご指摘頂きますよう、お願いします

自分のミスを謝るとき

×「すみません」

◎ 大変申し訳ございません。
今後は○○に気を配るようにし、以後、気をつけます

POINT 定型化されたフレーズだけでは相手の気持ちには届きません。どうするかを具体的に述べ、「気をつけます」など、今後の対応などを添えましょう。

同僚や後輩のミスを謝るとき

×「私の責任ではありません」

○「まことに申し訳ございませんでした」

◎ このたびの□□の件、ご迷惑をおかけして申し訳ございませんでした

POINT 相手側にすれば、誰のミスかは関係ありません。会社や所属している課の代表として謝罪します。「自分のせいではないのに」と不満を抱くのはNG。

相手に自分のミスを指摘されたとき

×「どうもすみませんでした」

◎ ご親切に注意して頂き、まことにありがとうございます。今後とも、お気づきのことがあればご指摘ください

POINT 指摘されたことを真摯に受け止め、謝罪し、感謝の意を述べます。まじめさと素直さが伝わり、好印象をアピールできます。

理不尽なことで怒られたとき

×「そんなことしてないです」

×「違うと思います」

○「申し訳ございません」

◎ 申し訳ございません。
○○のお話はごもっともですが、しかし…

POINT いったん謝ります。どうしても納得できないときには、相手を立てて話を受け、それから自分の意見を述べるようにします。

相手の怒りが収まらないとき

×「すみません、本当にすみませんでした」

○「ご迷惑をおかけして申し訳ございませんでした」

◎ （翌日）昨日は大変申し訳ございませんでした。
○○の件、反省し再度お詫びに伺いました

POINT ただ謝罪の言葉を繰り返すだけでは、気持ちは伝わりません。その場で相手の怒りが治まらないときは、きちんと謝罪したうえで退出し、後日改めて謝罪に伺うなどしましょう。

イニシャルコスト 初期費用、初期投資。技術開発費や機械・設備の購入費・取り付け費など、製品開発から製造開始までにかかる費用のこと。反対に、運用する費用のことをランニングコストという。

お詫びする

大きな損害を出したとき

「スピード」「誠意」「処置」の3Sで切り抜ける

　遅刻や相手の名前を間違えるなど、1対1でのことならその場できちんと謝れば、許されることも多いでしょう。しかし、相手や相手の会社に損失を与えるようなケースでは、謝罪だけではすみません。ビジネスではミスを犯したことより、そのアフターフォローのほうが重要とされています。

　相手の損害が大きいと感じたら、自力で何とかしようなどという気を起こさず、すぐに上司に報告すること。そして、今後の処置のしかたを聞き、誠意を持ってスピーディーに謝罪することが必要になります。

　この謝罪で必須となるのが、正しい敬語です。言葉づかいは相手との信頼関係によって変化するものです。損害を与え迷惑をかけている状態なら、必ず正しい敬語を使い、敬意と誠意を持ってその後の対応を伝えるようにしましょう。

心が伝わるお詫び状の書き方

お詫びは、直接会ってするのがマナーです。ただし、会ってもらえなかったり、直接話すだけではすまされなかったりする場合には、お詫び状が必要になることもあります。マナーを守って書きましょう。

1. 何のお詫びかわかるようにしておく
2. 謝罪の言葉を明記する
3. あいまいな表現はしない
4. ミスが起こった原因を書き添える
5. どんな解決方法を取るのか、明記する

お詫びに行くとき

可能であれば、上司に同行してもらいましょう。その場合は、自分はあまり前に出ず、上司に話してもらいます。お詫びの品を持っていくのもよいでしょう。ただし、お詫びの品は話をした後に出します。初めに出すと「物でごまかそうとしている」という印象を与えかねません。

お詫びの手順

どんな状況でミスをしたときでもすぐに謝罪するのが基本です。
その後の処置は以下のように行い、迷惑をかけた相手に誠実に対処していきます。

①上司に報告と謝罪

「○○社に渡した見積りの数字を△△社のものと間違えました。申し訳ございませんでした」

ミスの発覚を恐れてあいまいな報告をしたり、失敗そのものを隠したりしているうちに、取り返しがつかなくなることも。自分の意見を述べたり言い訳をする前に、まず状況を報告しましょう。その方が上司も的確に指示が出せます。

②相手に謝罪と対応策を伝える

「○○の件ですが、ご迷惑をおかけして申し訳ございませんでした。つきましては～」

上司から指示が出たら、すぐに相手先に連絡します。お詫びの言葉を述べ、対応策を伝えましょう。ミスの後は心が乱れがちですが、とにかく落ち着いて。自分ではどんなに誠実に対処したいと思っていても、しどろもどろでは伝わりません。

③原因を究明し再発を防止する

「今回のミスは□□が原因でした。これからは、このような失敗を犯さないように××に注意します」

ミスの原因を突き止め、どうすれば防げたのかを考え、それを伝えます。そこで見つけた対策を今後、習慣づけることを相手に伝えられると、反省している気持ちが伝えられます。

支払いが遅れてしまった

× 「申し訳ございませんでした。振り込んでおきましたので」

◎ **ご迷惑をおかけしました。確認いたしましたところ、経理担当者の手違いと判明いたしました。取り急ぎ、5月10日付けでお振込みさせて頂きました。今後はこのような不手際がないよう、注意いたします。ご了承ください**

POINT 信頼回復のためにも、どうして起こったのか、ごまかさずに伝えます。その上でどんな対応をしたのかを伝えることで誠意を示します。

不良品を納品してしまった

× 「失礼いたしました。1週間くらいでお取替えできると思うのですが…」

◎ **大変申し訳ございませんでした。調査したところ、4月17日に納品したもののうち、4つに欠陥が見つかりました。4月28日までに正常品とお取り替えいたします。なにとぞご容赦ください**

POINT 「～くらい」や「～と思います」のようなあいまいな言い方をしては、不信感を募らせてしまいます。明確な言葉で話します。

裁定取引 2つ以上の市場間の価格差を利用して、利益をあげる経済行為。株式市場における場合は、日経平均と日経平均先物を対象にしたもの。「アービトラージ」とも表現される。

弁解する

自分の事情をきちんと伝える

言い訳するのではなく、まず相手の話を聞く

誤解を受けた発言をされると、すぐに自分の正当性を主張したくなるものです。

しかし、相手の話をさえぎってまで反論や弁解をすると、単なる言い訳に聞こえてしまいますし、相手をヒートアップさせてしまうことも。感情的になったり自分の都合で弁解したりするのは、なお悪い印象を残します。

弁解しようとするときは、まずは真摯な態度で相手の話を最後まで聞きましょう。すべてを聞いて受け止め、相手がどんな誤解をしているかわかってからこちらの事情を伝えたほうが、相手の理解を得やすいのです。そして事実は誇張することなく話しましょう。脚色でその場をつくろっても、すぐに馬脚をあらわすことになり、かえって信頼を失います。

誤解を解く、自分の事情を伝えるなど、言いにくい話こそ、誠意をもって直接伝えることが大切です。電話などに頼らず、対面し簡潔に的確に伝えられれば好印象。「お詫び」「事情説明」「お詫び」の順に話をすると誠意が伝わります。

相手があまり会えない人のとき

●手紙を書く

相手の都合がよいときに読んでもらえるようにします。

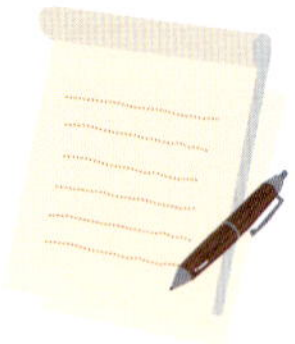

●レポートにまとめる

自分の意見をきちんと述べるために、感情に訴えるだけでなく、正式な文書としてまとめ、信頼性を高めるのも、ひとつの手。

POINT これらのことをした後も必ず、会って直接話すための努力をしましょう。

ミスを取り戻したいとき

対社内

✕「会議が延びたせいでできませんでした」

○「申し訳ございません。会議が長引いたので、まだ終わっておりません」

◎ 申し訳ございません。会議が延長し
先ほどの書類は完成しておりませんが、
これから早急に取りかかり15時までに作成いたします。
今後このようなことのないよう、気をつけます。
申し訳ございませんでした

POINT ビジネスで、簡単に「できなかった」と言っては信用がなくなります。「□□だからできなかった」だけでなく、だからどうするかというフォローが大事。

関係を修復するために

対社外

大変申し訳ございません。□□の事情により、
このような結果になってしまいました。
次回はご期待に添えるようにさらに努力いたしますので、
今後ともどうかよろしくお願いいたします。
申し訳ございませんでした

POINT 社外の人が相手の場合は、必ず訪問して話します。まずは謝ることが肝要です。どうしても会ってもらえないときは、訪問したことを示すために名刺をあずけ、そこにメッセージを添えるのも1つの方法です。

自分のやったこと、意図を説明する

✕「□□した方がよくないですかね？」

○「私は□□した方がよいのではないかと考え、こういたしました」

◎ 私はこの件は□□した方が
早く処理できるのではないか
と考え、こういたしました

POINT なぜそうしたのか、またどうなることを期待したのかを具体的に説明します。

相手が誤解して怒ってしまったとき

申し訳ございませんでした。
もしかすると私の誤解かも
しれませんが…

POINT こんな場合も、まずは謝罪です。明らかに自分が正しくても、相手に恥をかかせないよう気をつけて話しましょう。

アイドマの法則 広告は、注目させ〔**A**ttention〕、興味をもたせ〔**I**nterest〕、欲しがらせ〔**D**esire〕、記憶させ〔**M**emory〕、買わせる〔**A**ction〕ように働きかけると考える法則。

反論する

冷静に主張を伝えるには

まずは相手の意見に「YES」

相手の主張にどうしても納得できなかったとしても、まずは素直に耳を傾けましょう。必ずしも相手を論破することが、よい結果を生むとは限りません。相手の主張も理解したうえで話すのが、ワンランク上のビジネスパーソンです。

相手の意見に対して「なるほど、そうですね。ただ、私は□□だと思います。なぜなら…」というように、相手の意見をいったんは受け取り、寄り添いながらも、理由とともに自分の意見を主張するようにしましょう。

たとえ結論が相手の意見の否定だったとしても、肯定的な言葉から入れば、口論になって後味が悪い思いをすることもないでしょう。

感情的になって時間を無駄にするのではなく「より有益な意見を探す」ことを目的に相手の話を聞き、発言することが利益を最大化させます。

反論したい… でもその前にチェック

□ 感情的になっていないか

□ 突然発言しない。
意見を言う前に「ひとつよろしいでしょうか？」と聞く

□ 結論→理由の順序で話す

□ 簡潔に話す

□ 相手の意見を肯定しながら話す

□ おだやかに、相手に恥をかかせないように話す

□ 一方的でないか検証する

相手の意見に反対のとき

× 「自分はそうは思いません」

○ 「なるほど。私は□□と考えておりますが、いかがでしょう」

◎ ○○課長のおっしゃることはごもっともです。
ただ、この場合は□□という方法もありますが、
いかがでしょう

POINT あくまでも相手の意見を肯定的に受け入れ、そのうえで自分の考えを意見のひとつとして提案します。

自分の意見を取り違えられたとき

× 「そういう意味じゃないです」

○ 「恐縮ですが、先ほどの□□というのは『××したらどうか』という意味で申し上げました」

◎ 先ほど□□と申し上げましたのは、『××したらどうか』
という意味でした。言葉足らずで申し訳ございません。
訂正させてください

POINT あくまでこちらの説明不足、という形にすると敵を作らず話を進められます。

使えるフレーズ

- なるほど。ごもっともですが…
- 未熟者の私がいうのもおこがましいですが…
- □□と考えましたが、いかがでしょう
- ○○さんのおっしゃることはよくわかります。ただ…
- あくまでも私の見解ですが…
- 私の意見としましては…

アイドルコスト　工場の操業率が低いとき、設備や労働力が生かされず遊休化するためにこうむる損失のこと。遊休費、不働費。同様に、労働力が空費されている時間をアイドルタイムという。

断る①

頼まれた仕事を断る

「できない」という言葉は評価を下げる

たとえ、何か理由があったとしても、頼まれた仕事を簡単に断るのはできるだけ避けるべきです。相手にとってあなたは仕事を頼みにくい存在になってしまい、仕事ができないという評価が下されてしまうかもしれません。ビジネスにおいて仕事を断るというのは、それほど大きなマイナスイメージを相手に植えつけてしまいます。

まずは「どうすればその仕事を引き受けられるのか」と考えることが、自分の能力を高めることだと自覚しましょう。そのうえで、やはりどうしてもできないというのであれば、その理由を述べてから代案を出します。「締め切りが1週間後だったら…」「分量が半分なら…」などと具体的な提案をし、相手に判断をしてもらうといいでしょう。

そうすることによって相手の「断られた」という印象を最小限に食い止められます。できる限り自分から断ったように思わせないことがポイントです。

断るときの3ステップ

1 まず謝る
前置きにお詫びの言葉を言います。
「恐縮ですが…」
「申し訳ございません」

2 現状を報告する
引き受けられない状況を具体的に正直に伝えます。
「この仕事を、15時までに仕上げなくてはいけないのです」

3 代案を出し、指示をもらう
期限を変える、人を増やすなどを提案し、相手の判断を待ちます。
「もう少しお時間を頂けますか」
「もう1人増やして頂けますか」

自分の能力を超える内容のとき

✕「力不足で、私にはできません」

○「申し訳ございません。1時間で仕上げるのは困難です…」

◎ 大変申し訳ございません。やらせて頂きたいのですが、今の私の力では2時間ほどかかってしまいそうです。どうすべきでしょうか

POINT 「できません」「無理です」などの言葉は使わずに、具体的な見込みを提示し、判断を仰ぎます。

今抱えている仕事で手一杯のとき

✕「ちょっと今は無理ですね」

○「申し訳ございません。今、□□でちょっと時間を作るのが難しいのですが…」

◎ 大変申し訳ございません。やらせて頂きたいのですが、今はこの仕事が手一杯で難しい状況です。これが17時には終了しますが、その後で間に合いますか？

POINT できない理由を述べたうえで、具体的な代案を提案し指示を待ちましょう。

用事があって残業を断りたいとき

✕「今日は用があるんで無理です」

○「申し訳ございません、これからどうしても外せない用がありまして、定刻に退社したいのですが…」

◎ 大変申し訳ございません。今日はどうしても外せない予定がございまして、定刻に退社したいと思っております。明日の朝早く来て仕上げて間に合いますか？

POINT 夜できないから朝やる、というふうにすると「ただ残業がいやだから逃げた」という印象を与えずにすみます。

オピニオンリーダー 社会や集団の意見を形成するうえで、大きな影響力をもっている人のこと。世論や特定の団体における論理的な指導者のことも示し、世論形成者とも称される。

断る②

角を立てずにすませるために

好意を示しつつ事情を伝える

業務以外のことで誘われる機会はたくさんあります。しかし、そのすべてに参加できるはずはありません。角を立てずうまく断りたいなら、まず誘ってもらったことへの感謝の気持ちを伝えましょう。誘われてうれしいという気持ちを前面に出すと、好意的に接している分、相手からの印象は悪くなりにくく、評価もさほど下がりません。

あまりきっぱり断ってしまうと、相手との関係が気まずくなることもあります。その後も仕事で付き合う相手ということをふまえ、丁重に受け応えすべきです。

断るときは、丁寧にゆっくりと事情を伝えるようにしましょう。申し訳ない気持ちも表情に出しながら事情を説明できれば、相手の気分を害さずにすみます。義務でない誘いを断わったことを負担に感じる必要はありませんが、あくまでビジネスは人と人とのつながり。可能な限り、相手とのコミュニケーションを最優先にしましょう。

業務以外の交流で生まれた情報格差

30代男性（不動産）

社会人3年目くらいのころになると業務にもだいぶ慣れて、やるべきことをがむしゃらにこなしていた時期より「やりたいこと」が増えました。それを進めることがとにかく楽しくて、飲み会の誘いなどを「仕事だから」と断り続けていたのです。ところが同僚達は、他部署や他業種の人との交流で得た情報で、大きな社内プロジェクトを立ち上げることに…。交友範囲を幅広く持つことの重要さが身にしみました。

よく使う断りフレーズ

本当に残念なのですが…
ずっと前から決まっていた予定ですので…
参加したいのは山々ですが…
本日は失礼させて頂きます
次回はぜひ、参加させて頂きます
来週でしたら行けるのですが…
その日はなんとも言いかねます

プライベートな誘いを断る

社内編

✕「ちょっと無理ですねー」

◎ お声をかけて頂きありがとうございます！ ただ非常に残念ですが、その日は親友の結婚式でして…

POINT まず誘ってくれたことに対してお礼を言い、それから行かれない理由を話します。

社外編

✕「いやー、ちょっと行けないですね」

○「申し上げにくいのですが、その日は用事があり、欠席させて頂きたく存じます」

◎ お誘いうれしく存じます。参加したいのは山々ですが先約が…。来月はまだ大きな予定が入っていないので、ぜひまたお声をおかけください！

POINT「またの機会にはぜひ」と前向きな姿勢を見せると角が立ちにくくなります。

飲み会の誘いを断る

✕「今日はテンションが上がらないので」

◎ 申し訳ございません。参加したいのは山々ですが、寒気が止まらなくて…。本格的に体調を崩さないよう、今日は失礼したいと思います

POINT 仕事に差しつかえないよう体調管理するのは社会人の基本です。こう言えばあまり強く引き止められないでしょう。

贈り物を断る

✕「使う予定のないものを頂いても、ちょっと…」

○「お気持ちだけ受け取らせてください」

◎ ありがとうございます。でも私はお気づかいいただくほどのことはしていません。今回はお気持ちだけ受け取らせてください

ありがとうございます。社の規定でちょうだいできないことになっておりまして…。お気を悪くなさらないでください

POINT「いらない」とは言わないこと。気持ちだけで充分であることを伝えます。

カルテル 企業連合。同一業種の企業間における自由競争を避けて利益を確保するため、価格・生産量・販売方法などについて協定を結ぶ連合形態。独占禁止法上は、原則として禁止。

頼む

難しい仕事をやってもらうには

「あなたにお願いしたい」がポイント

ビジネスは、たくさんの人の力によって成り立っています。当然ですが、かかわる人全員に気分よく仕事をしてもらうのは能率の面でも非常に重要。モチベーションは、その保ち方しだいで能力以上のものを引き出せたり、求めるレベルに到達しなかったりするなど、成果を大きく左右する重要なものであることを覚えておきましょう。特に、期限が迫っている、作業量が多い、手間がかかる、といった少し無理なお願いをするときには、なおさら、言い方に気をつけるようにしましょう。

仕事を頼むときは、自分も全力で取り組んでいることを熱意をもってアピールします。それによって、自分の真摯な姿勢と誠意を伝えるのです。また、なぜその人に頼むのか、ということを明らかにします。「一緒に仕事をしたい」「どうしてもあなたにやってもらいたい」という気持ちを伝えることで「これは自分にしかできない仕事だ」と相手もやる気を出し、責任感をもって仕事をするようになるでしょう。

仕事を頼むときは…

- なぜその人に頼みたいか、説明できるようにする
- なにを、どのように、いつまでなのか、を明確にしておく
- 期限に余裕をもって相手に伝える
- マイナス情報もあらかじめ伝える
- 優先させることを伝える

相手をやる気にさせるフレーズ

○○さんだから頼めるんだけど…

○○さんは仕事が早いから…

いつも感謝しています

△△して頂けるとうれしいのですが…

○○さんは手際がよくて感心しています

これは○○さんにしかできないですよ

ご相談したいのですが…

同僚・後輩に頼むとき

× 「これやっといてくれない？」

○ 「□□をやってもらってもいい？」

◎ 忙しいところ大変申し訳ない。□□の期限が××時までなんだ。何とか時間を都合してもらえないか？

POINT 相手の状況を気づかうひと言があるだけで、印象がぐんとよくなります。近しい間柄でも、ひと言添えないのはNG。また、頼むときは期限や仕事量を具体的にします。

仕事を代わってもらいたいとき

× 「これ、代わりにやっておいて」

○ 「申し訳ないが、代わりに□□の対応をしてもらえないか」

◎ 忙しいところ恐縮だが、□□の件、今××で手一杯になってしまったので、できれば代わりに対応願えないだろうか

POINT 「お願いしてもよろしいでしょうか」という気持ちで伺いを立てる形にするといいでしょう。

上司・先輩に手伝ってもらいたいとき

× 「これ、手伝ってもらえないですかね？」

○ 「すみません、□□の作成にお力を貸していただけませんか」

◎ お忙しいところすみません。恐縮ですが、□□の作成でアドバイスを頂きたいのですが、お力をお借りできませんか

POINT 「経験と実績があるあなたのやり方、意見を参考にさせてもらいたい」というニュアンスがあると好印象です。

社外の人に仕事を頼む

× 「これを期日までにお願いします」

○ 「お忙しいところ恐縮ですが、こちらを○日までにお願いできませんでしょうか」

◎ お忙しいところ大変恐縮です。じつはお願いしている××をペンディングしてでもお願いしたいことがあります。こちらを○日までに仕上げて頂けるとありがたいです

POINT 相手を気づかいつつ優先度を伝え、「～して頂けるとありがたい」という表現を使うと好印象。

キャッシュフロー 一定期間内に企業が出し入れした資金の額。税引後の利益から配当金と役員賞与を差し引いて減価償却費を加えた、企業の自己資金。経営状態の指標となる。

請求する①

頼んでいた仕事の督促

中間報告が納期管理の下地をつくる

依頼していた仕事を督促するときに「できましたか」と聞くだけでは、自分の都合だけしか頭にないと思われてしまいます。期日の前に、こまめに中間報告を聞くようにしましょう。その際、仕事を引き受けてくれたことへの感謝を示す言葉「お忙しいところ、引き受けて頂きありがとうございます」などに続けて「はかどっていますか」と状況を聞くようにします。その進捗状況と仕事をしている日時を計算して、予想していた進みぐあいより遅かったら、手こずっている部分などを聞きつつ「ここは○○を手配するので、ここをお願いします」「ここは資料を送ります」などとスピーディに進められるようサポートできるといいでしょう。

仕事の督促とは、期日にだけ行うものではないのです。このような中間報告の積み重ねがあって、初めて「できましたか」と聞けるものなのです。

請求するときのポイント

●締切りは予定よりも早めに設定しておく

相手が必ずしも予定通りにできるとは限りません。余裕をもって締切りを伝えておいて、全体が滞りなく進むようにしましょう。

●小さなかたまりごとに渡す

相手に全体の分量を伝えたうえで、少しずつ締切りを設定するのも有効です。ゴールをこまぎれにすることで、相手がペースをつかみやすくなります。

途中経過を聞く

✕「この間の件、どうなってますか」「じゃ、進めてください」

○「先日の□□の件の進捗状況を確認したいのですが、よろしいですか」
「わかりました。では、続きをよろしくお願いいたします」

◎ お忙しいところ恐縮です。先日の□□の件の進捗状況を確認させて頂きたいのですが…。
ここまで進めてくださったんですね、ありがとうございます。
では続きに関しては、△日までにお願いできますか

POINT ただ「やってください」と言うのではなく、積極的に感謝の意を表し「お忙しいところすみませんが…」と気づかってモチベーションを下げないように気を配ります。

締切りが迫った状態で

✕「何、考えてるんですか！ とにかく早くしてください！」

○「○日までとお伝えしたと思いますが…。
予定通りに頂けますでしょうか」

◎ ○日が締切りです。
近づいておりますが、進みぐあいはいかがでしょうか。
差し迫っておりますが…

POINT 相手はこちらの必死な状況をわかっていないことがあるので、まずは冷静に。相手には、期日が迫っているという現実感を伝えるようにしましょう。

締切りを過ぎていたら

✕「○日までの件、まだもらってないんですけど」

○「××の件なのですが、○日までにとお伝えしておきながら
ご連絡が遅くなってすみません。ちょうだいしてもよろしいですか？」

◎ 締切りは○月○日でしたが…。
なるべく早急に頂かなくては困るのですが、
あと何日で頂けますか

POINT 相手に締切りが過ぎていることを自覚してもらいます。同時に、あと何日でできるか言わせ、責任感を持ってもらいます。

コーポレートガバナンス 企業統治。企業を経営や管理する立場にある者ではなく、統治する実権を握っているのはだれであるかと考えた場合、日本では経営者、アメリカでは株主とされることが多い。

請求する②

スムーズにお金を回収する

お金の回収は仕事の総仕上げ

請求時のトラブルを防ぐには、まず毅然とした態度を取ることが重要です。日本人の性質として金銭の請求は「恥ずかしい」「言いにくい」という意識が働きがちですが、ビジネスには必ずお金が絡んできます。お金は、会社の商品や仕事の対価として支払われるものなので、請求は恥ずかしいことではありません。堂々と行いましょう。

それでも支払いを渋ったり遅らせたりする人もいます。しかし相手も、お金を払わなくてはいけないことはわかっているはずです。

「今、持ち合わせがない」と言われることもありますが、そのときは譲歩する感じで「では、いつならお支払い頂けますか？」と期日を確約してもらいます。それでも払わない場合は、口調をいくらか厳しめにします。

相手によっては「ちょうだいするまで帰れません」と言うのも有効です。

請求のしかた

- お金は仕事の対価、堂々と請求してよい
- もらって当然、という態度はNG
- 事前に、期日、金額をメールや書面などで残すようにする

支払い期日が過ぎているとき

×「きちんと払ってください」

○「では、いつなら払えますか。日時を確定させて頂きたいと思います」

◎ 申し訳ございませんが、期日をお伝えした以上、こちらとしてもなぜお支払い頂けないのか理由を伺わないわけにはいきません。
…わかりました。では、いつならお支払い可能なのか教えて頂けますか。
○日ですね？　確かに記録いたしました。よろしくお願いいたします

POINT この場合は、こちらで期日を決定してはいけません。「○日から○日の間まででならどうですか」と提案し、相手に日取りを言わせます。

再期日にも支払われなかったとき

×「○日に払うと言いましたよね？」

◎ ○日に確認しましたが、まだ振り込まれていないようでしたので、ご連絡いたしました。ご説明して頂けますでしょうか？

POINT 声を荒らげたり、マイナスの感情を込めたりせずに、淡々と会話をしましょう。この段階になったら、やりとりを録音しておくのも安全策です。

決定している金額を値切られた

×「すでに□□円と伝えてあるので、払ってください」

○「そうですか、失礼いたしました。では、この件については上司と相談し、もう一度ご連絡いたします」

◎ さようでございますか。
申し訳ございませんが持ち帰らせて頂きます

POINT 相手と自分の主張は食い違っていることもあります。日を改めて、事実関係をはっきりさせます。いったん持ち帰って、上司の判断を仰ぎましょう。

会費を集める

×「会費の○○円、今ください」

○「××の会費が○○円なのですが、ちょうだいしてもよろしいですか？」

◎ お忙しいところ申し訳ございません。
先日よりお伝えしている××の会費、○○円を頂いても
よろしいですか？

POINT 事前に集金することを伝えておいたり「お忙しいところ申し訳ございません」と相手を気づかえたりするとスムーズに伝えられます。

コミッション　広告会社における、メディアの扱いに対する手数料。広告制作実費の10～15%が計上される。これに対して実際に提供したサービスに対して払われる労働報酬をフィーという。

苦情を言う

クレームをつけなければならないとき

「NO！」と言うことも重要

人とは、間違いを犯す生き物であり、「ミスは必ず起こるもの」です。ミスには自覚できるものとできないものがありますが、本人が気づかないミスには指摘が必要です。

この「ミスの指摘」を一般に「苦情」といいますが、言い方しだいで「よい苦情」にも「悪い苦情」にもなります。相手の立場や状況をわきまえず、自分の不利益や不快感などを一方的に主張すると悪い苦情にしかなりません。

よい苦情とは、相手側の商品やサービスがよりよくなるよう望みながら、ミスにだけ「NO！」と言うことです。苦情をうまく伝えることで相手に「あえて苦言を呈してくれた」ととらえてもらえれば、互いの関係を深め、向上させることにもつながります。

上手に苦言を呈すテクニックを身につけておくことは、ビジネスで大切なことなのです。

気をつけよう！苦情の前にチェック

- □ 深呼吸する
- □ あくまでもビジネスということを忘れない
- □ 感情的にならない
- □ 攻撃的にならない
- □ 自分側の勘違いでないかよく確かめておく
- □ 伝えたいことをメモにまとめる
- □ 説明に必要な書類や現品を用意する

気持ちを落ち着かせるコツ

苦情は冷静に言うのが鉄則です。気持ちを落ち着かせるために以下の方法を試してみましょう。

●自分がミスを犯したときを思い出す
ミスをしたくてする人はいません。自分がミスをしでかしたときと同様の状況が相手にも起こっているのです。

●紙に書いてみる
あらかじめ要点を紙に書いておきましょう。書くという行為は気持ちを落ち着かせてくれます。

●事実関係をはっきりさせる
口に出す前に、事実関係を洗い出しましょう。言ってはみたものの、自分に非があることも充分ありえます。

頼んでいた商品と違う

×「これじゃないです」

◎ こちらの勘違いかもしれませんが、□□を頼んだのですが、××が届いています。注文を確認して頂けますか

POINT 「違います」というより「もう一度確認して頂けますか」と自分のミスの場合もあるということを暗にほのめかしておくと角が立ちません。

注文と内容が違ったとき

×「こちらのお願いと違うじゃないですか！」

○「このような内容でお願いいたします」

◎ 私の言い方が悪かったのかもしれませんが、○○の内容でお願いします

POINT こちらの意向と違う場合は、きちんと伝わるように話さなかった自分の責任でもあります。再度、正しい内容を伝えてお願いします。

アポイントの時間に相手が来ないとき

×「なぜ約束を守ってくれなかったんですか」

○「○時というお約束を頂いていた○○です。まだご到着していないようなので、お電話いたしました。何時ごろになるでしょうか？」

◎ ○○のお約束を頂いていた□□です。
まだご到着されていなかったので、こちらのスケジュールの取り違いかもしれないと思い、ご確認のお電話をいたしました。
もし、お忙しいようでしたら、また日を改めることも可能ですがいかがですか

POINT 自分が約束の時間を間違えていないのなら、ここで一歩引き、再度先方の予定に合わせるような態度を示すと好感を持たれやすくなります。

相手の態度が悪いとき

×「態度悪いですよ」

◎ もしかして、今日はお体の調子がすぐれないのではないですか

POINT 「態度が悪い」と直接的に注意するより、体調や気分の不調を心配する言動を示して自発的に態度を改善してもらうよう誘導しましょう。

求めているレベルに達していないとき

×「これじゃレベルが低すぎます」

○「○○はもう少し掘り下げて頂いたほうがいいと思いました」

◎ ○○の件の××について△△という考察も含め、ご再考願えますか

POINT 「レベルが低い」というのは、非常に抽象的でわかりにくい表現なので、どこをどうしてほしいかを具体的に伝えましょう。

コングロマリット 複合企業。自社とは業種の異なる企業を吸収合併して巨大化した、多角経営企業を指す。企業内に蓄積された経営資金の有効活用を目指して行われる場合が多い。

休みを取る

迷惑をかけずに休む

周囲への影響を考えてみる

　突然の病気はもとより、夏休みの延長、冠婚葬祭など、定休以外で会社を休まざるを得ない事態は必ず訪れます。休暇は、会社からすると、貴重な戦力が丸一日使えなくなること。どんなに完璧に引き継ぎを行ったとしても、1人抜けたしわ寄せを上司や同僚がかぶることになります。

　周囲に悪い印象を与えずに休みを取るもっとも簡単な方法は、普段から仕事をしっかりこなすこと。周囲からの信頼が厚く、正しい言葉づかいでミスも少ない人なら、上司も同僚も気持ちよく休ませてくれるに違いありません。

　逆に普段の勤務態度がよくないと、怠けていると思われてしまいます。

　正しい言葉づかい、マナー、所作などのメリットは、仕事を有利に進められるだけにとどまらないのです。

有給休暇を取る

✕「○月×日、有給取りますので」

◎「○月×日に有給休暇を一日頂きたいのですが、よろしいでしょうか？責任を持って引き継ぎいたします」

　あくまでも「お休みを頂きたい」という依頼の形で言います。それならば、許可を出すほうも気持ちいいものです。休みを取らせてもらう感謝の気持ちが大切です。

休みにくい日に有給休暇を取りたいときは

　あらかじめわかっている繁忙期などに休みを取るときは、上司への報告だけでなく、事前に同僚や先輩たちに告げ、休みを取っても業務に支障をきたさないよう、しっかりと引き継ぎや根回しをすべきでしょう。関係各位にお願いして、自分の抜けた穴を埋めてもらうのですから、休みの理由もきちんと説明するようにします。

　とはいえ、このような日に休暇を取るのは「どうしても休まざるを得ない」場合以外は遠慮しておくのがマナーといえます。

急病のとき

✕「熱が出たので休みます」

◎ まことに恐縮ですが、体調が思わしくなく、昨日病院に行ってきました。どうやら風邪をこじらせてしまったようで、お休みを頂けないでしょうか。
ありがとうございます、では、□□の件につきまして、○○さんにお願いしたいので、電話を替わって頂けますか？

POINT 理由をきちんと説明し休みたい旨を伝えたうえで、必要があれば仕事の引き継ぎも行います。また、病院に行ったときはその診断結果も伝えるといいでしょう。

やむを得ない事情があるとき

家族の病気・不幸があったとき

✕「今日は休みます」

◎ ご迷惑をかけるようで心苦しいのですが、親戚に不幸がありましたので、お休みを頂けませんでしょうか。○日には出勤します。□□の件につきましては、○○さんにお願いできますでしょうか

POINT 理由をきちんと説明し、休みたい旨を伝えたうえで、必要ならば仕事の引き継ぎを行うことが大切。葬式や結婚式は地方に行く場合もあり、数日にわたって休むこともあるので「いつまで休むか」を伝えます。

休んだ後のフォロー

休んだ後に出社した際には、周りに休暇を取らせてもらった感謝の意を伝えることが大切です。休みを取った日に、誰かが自分の仕事のフォローをしたのですから、
「昨日は休暇を頂き、ありがとうございました」
「□□の件の処理ですが、ありがとうございました。
ご迷惑をおかけしてしまい恐縮です」
ときちんとお礼を言いましょう。

裁量労働制　業務遂行の方法や時間配分などについて、管理者が指示を出さずに担当者の裁量に委ねる就労形態を裁量労働という。その裁量労働を、一定の時間勤務したものとみなす制度。

言いにくいことを言う

失礼にならない言い方

高圧的な態度は百害あって一利なし

上司の知識が誤っていたり、見当外れの意見を言われたりしたとき、あなたならどう指摘しますか。ここでは、上司や社外の人に対して失礼にならないような間違いの指摘方法を考えてみましょう。

まず、あからさまに「間違っていますよ！」とだけ言うのは、相手の自尊心を傷つけてしまうおそれがあるのでNGです。ここは一歩引いて「課長、恐縮ですが…」や「私の思い違いかもしれないですが」と、あえて謙遜するのが好印象の秘訣。かわいい部下を演出できます。

間違いを高圧的に指摘しても、残るのは悪感情だけで有益ではありません。つねに自分が言われたらどう思うか考えながら話すようにしてみましょう。

これはダメ！ 相手に失礼なフレーズ

NG

①「間違っています！」	相手の発言を全否定する言い方。これでは相手は話を続けられなくなってしまいます
②「そんなことも知らないのですか」	相手を見下している言い方です。これはビジネスシーンだけではなく、あらゆる人間関係でNGです
③「はぁ。そうですか」	相手を見下した言い方。間違っているからといって、馬鹿にした態度で受け流してはいけません
④「そういうことにしておきます」	これも相手を見下した言い方。「言いたいことがあるなら言ってくれ！」と言われてしまいそうです

上司の間違いを指摘する

✕「これ間違いですよ」

○「○○課長、
これは□□ではないでしょうか」

◎ ○○課長、私の勘違いでしたら申し訳ございません。この××の部分ですが、□□ではないでしょうか。ご確認頂けますか

POINT 「自分は間違っているように思うので、確認して欲しい」と伝えると角が立ちません。

社外の人の間違いを指摘する

✕「書類間違ってるんですけど」

○「申し訳ございません、本来送って頂く予定の書類は□□なのですが…」

◎ 申し訳ございません、本来頂く予定の書類は□□なのですが、××をお送りくださったようです。
今一度、確認して頂けますか

POINT 相手を責めず、やわらかく相手に事実を伝えることが大切。

矛盾することを言われた

✕「それって矛盾してますよね」

○「はい。先日は□□が先とのことでしたが、よろしいですか」

◎ はい。××を先に、ということですね。先日は□□の方を優先するとお聞きしていたと思うのですが、××が優先でよろしいですか

POINT 大切なのは相手の矛盾をつくことではなく、どちらが正しいかを確認しミスを事前になくすことです。

相手の意見が見当外れならば

✕「そういうことが聞きたいんじゃないんですけど…」

○「なるほど。では□□についてはどうでしょう」

◎ なるほど。××ということですね。
では、□□についてはどのようにお考えですか

POINT あからさまに指摘せず、質問のしかたを変えて、答えを知りたいことに近づけます。

目上の人にやり直してもらう

✕「もう一度やってください」

○「何度もお願いして恐縮ですが、この部分を○○のようにして頂きたいので、再度書いて頂いてもよろしいでしょうか」

◎ 実は、上司から○○という意見が出ておりまして…

POINT その場におらず、相手とかかわりの薄い第三者を悪者にして、角が立たないようにする、というのもひとつの手。

値段を安くしてもらいたい

✕「安くしてくださいよ」

○「もう少し（値段を）下げて頂けませんか」

◎ これだと、当社で決めているラインを○○円ほど超えておりますので、もう少し下げて頂けませんか

POINT やみくもに割り引きを頼むより、「規則だから」などと理由があると相手を納得させやすくなります。

ダンピング ある商品を輸出する際に、国内における価格よりも安く取引することをいう。不当な低価格によって公正な競争を妨げ、輸出国の同業者に損害を与えるものとされる。

聞きにくいことを聞く

スマートに聞くために

相手の気分を害さないこと

「名前を忘れてしまった」「年齢を聞かなければならない」「以前の発言を忘れてしまった」…など、聞きにくいことを聞かなくてはならない場面は誰しも経験があるはず。気をつけたいのは、ごまかしながら聞こうとして相手の気分を害してしまうことです。本人はうまくごまかしたつもりでも、相手はたいてい気づくもの。これは人格にかかわるマナーの問題ですから、仕事の経験値は関係ありません。思いあたる人は具体的な解決方策を考え、今後は繰り返さないにしましょう。

信頼関係は些細なミスの積み重ねで簡単に失われてしまいます。同じ失敗を繰り返すようでは、相手に「自分のことを軽く考えている」と思われて当然です。特に名前などは相手に直接聞くのは最後の手段。万が一忘れたとしても、資料があれば確認できるので、まずメモを取る習慣をつけましょう。

こんな聞き方は失礼！

40代男性（広告）

タイミングを無視して聞いてきたり、こちらが話すのがあたりまえ、という姿勢だったりする人がいます。何度も同じことを聞いてきたり、忘れたことをごまかしながらそれとなく聞いてきたりするのも明らかなマナー違反。不快になったことは、後までしこりになってしまいます。

一度聞いたことを再確認するときは…

●知っているふりはしない

すでに教えてもらったことを聞くときは素直に謝り、教えを請います。そのうえで、同じことはもう二度と聞かないという心構えで、しっかりメモを取りましょう。

名前を忘れてしまった

お名前はなんておっしゃるんですか？
（「田中です」と答えられたら）
いえ、下のお名前です

POINT わざと姓を言わせるテクニックです。ただし、大勢の人がいるような場所では、本人ではなく、同じ会社の人に尋ねるというのもよい方法です。
また、相手が自分の名前を忘れているのがわかったら、恥をかかせないよう、聞かれる前に「△△社の○○です」と名乗りましょう。

相手の年齢を聞く

私は□□年生まれなのですが…（自分のことをまず言う）

私は丑年なのですが、○○さんの干支はなんですか？

POINT 特に女性に年齢を聞くのは避けましょう。どうしても聞かなくてはならない場合は直接の年齢ではなく、生まれた年や干支を尋ねると答えやすくなります。

□□は高校時代に流行りましたよね。私はあのころ高校2年生くらいでした。○○さんはなにをされていましたか？

POINT 雑談の途中で、自然に聞きたいことと関連させるとスマートです。

プライベートなことを聞く

●住んでいる場所を聞く

私は最近、都内に引越し、30分も通勤時間が減って楽になりました。○○さんは、どちらにお住まいですか？

●結婚しているかどうかを聞く

私は今年から、一人暮らしを始めて食事作りが大変です。○○さんはお一人でお住まいですか？

POINT 相手のことばかり聞くのではなく、自分のことを話してからだと、答えやすくなります。それでも相手が答えを明言しなかった場合は、それ以上聞かないようにします。

CTI 〔Computer Telephony Integration〕電話やFAXをコンピュータシステムに統合する技術。サポートセンターやお客様相談室など、企業のコールセンター業務に多く利用されている。

嫌なことを言われた、された

上手な対処のしかた

毅然とした態度で

職場は、価値観やものの考え方、世代などの違うさまざまな人たちが、「仕事」というひとつの共通な目的のもとに集まっている集団です。ですから、気の合わない人や、付き合いにくい人もいるでしょうし、誤解が生じたり、明らかな悪意が生まれたりする場合もあるかもしれません。また、当人にはそのつもりがまったくないのに、誰かにとてもいやな思いをさせているということもあるでしょう。

そういったできごとの、ひとつひとつに過剰に反応し、感情的になっていてはビジネスパーソンとしては失格です。大切なことは、相手の尊厳を損なわないようにしながら、嫌なことは嫌だという自分の気持ちを毅然とした態度で伝えることです。

また、知らず知らず相手との間に誤解が生じている場合もあります。よく話し合い、時間をかけながら、その誤解を解いていこうとする努力も必要。ときには、相手にしない勇気も大切です。

セクシャルハラスメント（セクハラ）とは

なにげないひと言も、相手が不快に感じれば、それは立派なセクハラです。また、見落とされがちですが、セクハラは必ずしも男性が女性に対して行うばかりでなく、女性が男性に対して行うものもあります。お互いが気持ちよく仕事をするために、エチケットやマナーを守るように気をつけましょう。
セクハラには対価型セクハラ、環境型セクハラの2種類があります。

●対価型セクハラ
上司などがその立場を利用し、昇格、昇給などをほのめかして性的関係を強要したり、逆に断った場合に降格、減給を示唆したりすること。
例）「昇格させる」などと言って、肉体関係を強要する

●環境型セクハラ
相手の意に反する性的な言動を、職場環境で行うこと。
例）職場にヌードポスターを貼る
「結婚しないの？」などとしつこく聞く

セクハラされた

◎ そういう話は嫌なのでやめてください

今の言葉を上司に報告させて頂いてもいいですか

POINT まず、「私は不快です」と、はっきり伝えます。それでも改善されずに続くようであれば、信頼できる先輩や上司に相談しましょう。

あらぬうわさを立てられた

◎ 心外です

あのうわさは本当ではありません

POINT 感情的になる気持ちもわかりますが、人のうわさには必要以上に騒ぎ立てないこと。度を超していると感じる場合は、きっぱり弁明しましょう。日ごろから、自分自身もうわさ話に参加しない心がけも必要です。

いじめを受けた

◎ そのようないやがらせは業務に差しつかえるので、上司に報告させて頂きます

（直接本人に）なにか私に至らない点がありますでしょうか

POINT 深刻な場合は、信頼できる上司や先輩に相談します。直属の上司にいじめられていると感じるなら、その上の上司に直接相談してみるのも手。

パワーハラスメントとは

「パワハラ」と略され、上司がその権限を盾に、職務や職務と関係ないところにまで圧力を加え、精神的な苦痛を与えることをいいます。具体的には、とうてい無理な数値目標を与えたり、理由なく仕事を与えられずに無視されたりすることなどがあります。ただし、自分が「これはパワハラだ！」と思っていても、思い過ごしだというのもよくあること。上司に嫌われているようだ、自分にだけつらく当たる…と思ったら、信頼できる先輩や上司に相談してみましょう。

マネーロンダリング　不正な取引や犯罪によって得た資金を、多数の金融機関の口座を転々と移動させるなどして、資金の出所や受益者がわからなくなるように画策すること。資金洗浄と訳される。

コラム

季節の話題もこれでOK②

●6月

1日／衣替え(ころもがえ)
春の服をしまい夏の装いを準備する節目となる日。しつらえも替えて、新しい季節を迎える準備をする。

11日ごろ／入梅(にゅうばい)
梅雨は、梅の実が熟するころに降る雨の意味。ほかにも五月雨、卯の花くだしなど情趣に富んだ名が。

22日ごろ／夏至(げし)
二十四節気のひとつ。太陽がもっとも高い夏至点に達するため、一年中で昼の長さが最長になる一日。

●7月

7日／七夕(たなばた)
織姫にちなんで裁縫、短冊に願い事を書いて習字の上達を願う日に。盆の前に身を清める日でもあった。

13〜15日ごろ／盆(ぼん)
先祖の霊を迎えて供養する仏事。迎え火・送り火をたき、食物を備えた精霊棚の前で、僧が読経する。

23日／大暑(たいしょ)
二十四節気のひとつ。一年中でもっとも暑い日の意。梅雨の蒸し暑さから、焼け付くような暑さへと変わるころ。

●8月

8日ごろ／立秋 (りっしゅう)
二十四節気のひとつ。暦の上では、秋の始まりとされる。「暑中見舞い」も、この日から「残暑見舞い」に。

15日〜ごろ／月遅れ盆(つきおくれぼん)

27日〜ごろ／旧盆(きゅうぼん)
どちらかに盆の仏事を行う地域も少なくない。夏祭りの行事が盛んなころでもある。

●9月

20日〜ごろ／彼岸(ひがん)
先祖の霊を供養する仏事。年に2回、春分の日と秋分の日を中日として、前後3日間ずつ行う。

23日ごろ／秋分(しゅうぶん)
二十四節気のひとつ。彼岸の中日。昼夜がほぼ同じ長さとなり、この日から、しだいに夜が長くなっていく。

25日ごろ／十五夜(じゅうごや)
中秋の名月には、月にちなんで団子、芋、豆など丸いものを供える。もとは秋の収穫を祝う祭りとも。

●10月

1日／衣替え(ころもがえ)
暑さも治まり、本格的な秋の気配に包まれる。半袖服など夏のものをしまい、部屋も秋のしつらえに。

24日ごろ／霜降(そうこう)
二十四節気のひとつ。朝夕の気温が下がり、霜がおりはじめる時期とされる。冬を迎える心構えを。

●11月

8日／立冬(りっとう)
二十四節気のひとつ。暦の上では、冬の始まりとされる。日ごとに日が短くなっていくのを実感できるころ。

15日／七五三(しちごさん)
3歳・5歳の男児と3歳・7歳の女児の成長、守護を氏神に祈願する。帯や袴を初めて着ける儀でもあった。

●12月

22日ごろ／冬至(とうじ)
二十四節気のひとつ。一年中で、もっとも昼が短い日。この日からしだいに日が長くなっていき、春へと向かう。

31日／除夜・大晦日(じょや・おおみそか)
除夜の鐘は108つあるという人間の煩悩を払うとされ、年越しそばは、その長さに長寿を願って食するもの。

PART 7

仕事場以外にもマナーあり

アフター5・オフィス外でのマナー

BUSINESS
MANNERS

酒席に誘われた

友人と飲むときとの違い

上司・先輩の人生経験を盗むチャンス

アフター5のお酒の付き合いは義務ではありませんが、得られるメリットの大きさを考えれば積極的に参加すべきです。自分とは違う世代と親睦を深められることはもちろん、業務中にはできないような深い話をするチャンスなのです。上司や先輩方の経験談や失敗談、アドバイスなどは、普段はなかなか入手できない貴重な情報。参加の際は、できるだけ多く色々な話ができるように心がけましょう。

もちろん業務時間外とはいえ、節度ある行動ができるかどうかの評価はつねに下されていますから、飲み過ぎて醜態をさらすのはNGです。

どうしても誘いに応じられない場合は、誘ってもらったことに感謝の言葉を伝え「行きたいけれど行けない」という気持ちが伝わるよう具体的な事情を話します。次に必ず声をかけてもらえるように、いつなら都合をつけられるかを伝えるのもいいでしょう。

断るときのマナー

誘いを断るときは、丁寧かつやわらかい口調で、まずは誘ってもらったことへのお礼を。

「お誘い頂きましてありがとうございます。行きたい気持ちは強くありますが…」

ということをアピールしましょう。

決して

「今日は気分が乗らないので」

などと言ってはいけません。また、連続して断ってしまうと印象が悪くなります。次に誘われたときは、必ず参加できるよう調整しましょう。

酒席に参加するメリット・デメリット

メリット

- 人生経験が聞ける
- 大人どうしの付き合い方を学べる
- 親睦を深められる
- 仕事だけでは出せない自分の長所を見せられる
- 日ごろ聞けない話が聞ける
- 人脈を増やせる可能性がある

デメリット

- 愚痴や悪口などを聞かされる可能性がある
- 就業中ではないのに気をつかわないといけない
- 自分の自由な時間が減る
- 酔ってしまい、普段ならしない失言や失敗をする危険性がある
- 帰りたいタイミングで帰れない

誘いに乗るとき・断るとき

行く

✕「行けますよ」

○「はい、ぜひご一緒させて頂きます」

◎ ありがとうございます！
ぜひご一緒させて頂きます！

POINT 誘われてすぐに、気持ちよく参加を表明すると、相手にも「誘ってよかったな」と思ってもらえます。

断る

✕「あー、今日はちょっと
そういう気分じゃないんで…」

○「申し訳ございません。
どうしても外せない用事がありますので、せっかくですが本日は遠慮させて頂きます」

◎ お誘いありがとうございます。
残念ですが本日は
外せない用事があります。
ご一緒したかったです
来週でしたら行かれるのですが…

POINT「今回は行けないけれど、次回はぜひ！」という気持ちをアピール。

IR 〔investor relations〕投資家向け広報活動。資金市場での評価を得るために、株主や投資家、アナリストなどを対象として発信する情報活動。戦略的財務広報ともいう。

酒席で

ふさわしい話題、ふさわしくない話題

楽しめる話題を選ぶ

酒席は、上司や先輩の業務中とは異なる一面をかいま見ることのできるチャンスですし、これから自分が直面するであろう問題に、相手が過去に出してきた答えを聞くこともできる場です。

相手が忙しいなかで時間を割いてくれるのは、なにか意図があるはず。自分の話は手短にまとめ、どんどん話を引き出しましょう。

たとえば、同じキャリアのころになにをしていたのか、これまでどんな転機があったのか、自分をどう評価しているのかなどを、相手が話しやすいように悩みの形でうまく相談するのもいいでしょう。

話題は大まかに仕事とプライベートに分かれますが、どちらが望ましいかは状況しだい。酒席では仕事の話を嫌がる人もいます。相手の表情でさりげなく判断しましょう。

また、いくら打ち解け合ったとしても、取引先の人との酒席で愚痴や悪口はNGです。楽しくあるべき酒席でのネガティブな話題はとても印象が悪いうえに、口が軽い、と信頼を失ってしまいかねません。

よい話題

- 家族
- 子供のころのこと
- 学生時代
- 将来のこと
- 相手をほめることにつながる話
- 相談
- 趣味

せっかくの酒席ですから、普段よりは一歩打ち解けた話題を選んで、相手との距離を縮めましょう。

悪い話題

- 悪口・愚痴
- 不平・不満
- うわさ話
- 相手をけなすことにつながる話

酒席でなくても、普段から不快な話題は選ばないことが、社会人としてのマナーです。

「無礼講」と言われたら

無礼講と言われたからといって、それをうのみにしてやりたい放題をしていいわけではありません。その場を楽しみつつも、失礼のないよう心を配りましょう。相手とは、今後もビジネスの付き合いがあることを忘れずに。

酒席での気配り

飲めない相手に

酒に強い人ばかりが参加している酒席では、酒が苦手な人は居心地悪く感じているかもしれません。酒が進んでいない人を見かけたら、飲むことを強要せず「なにかほかの飲み物を注文しましょうか」と気づかいを。

追加注文をするときは

お酒の減りぐあいに注意を払い、飲み物がなくなりそうな人には「次はなににしましょうか」と声をかけましょう。

相手が仕事の愚痴や悪口を言っていたら

× 「そうですね」「確かに、あの人はそういうところがだめですね」

不用意に調子を合わせてしまうと、同意したととらえられて、後で自分に不利になってしまいかねません。

× 「そんなことないですよ」「○○さんはいい人ですよ！」

反論すると、相手の気分を害してしまいます。

○ そんなこともあるんですね…。それはそうと、この間…

あくまでも自分の意見は挟まずに、聞き役に徹しましょう。
あいまいに受け答えしておいたり、別の話に変えてしまったりするのも手。

酒が苦手な場合には

× 「もう飲めません」「自分、酒は苦手なんで」

はっきり断ってしまうと、「せっかく飲みに来ているのに…」と悪い印象を持たれる可能性があります。

○ ありがとうございます。充分頂きました。
○○さん、次はいかがなさいますか？

と相手に話をふることでその場をコントロールしましょう。
乾杯のときは、一口だけでも口をつけて。

ニッチ戦略　マーケットにまだ他企業が参入していない、すきま〔ニッチ　niche〕的な新しいニーズを探し、特定市場でのリーダーとなるようなニュービジネスを目指す考えをいう。

接待する

接待での心得

接待成功の鍵は事前の準備にあり

接待は、単なる酒席や遊びとは違い、あくまでも、会社のお金を使った「投資」と考えます。費したコストを上回るリターンが必要です。相手の嗜好や人となりを調べ、成功のために入念な準備をしましょう。

接待の目的は、おもに3つに分けられます。**①オフィシャルではない情報の入手　②今後のビジネスを円滑に進めるための先行投資　③終了したビジネスのお礼**　です。まずその席の狙いがどれであり、なにを達成したいかを把握します。ただし、主役はあくまで相手です。相手に楽しんで頂かなければ成功とはいえません。事前に調べたことを活かし、相手に合わせた話題を用意しましょう。

マナーを守りつつも堅苦しいと思わせないバランスは、経験の浅いうちは非常に難しいもの。上司や先輩の話術や場の盛り上げ方を見て、接待のスキルを盗みましょう。

接待ならではのルールで気をつけるべきこと

相手のことをよく調べておく
出身地、出身校、趣味、嫌いなものなど、できる限り調べておきます。上司や先輩のほか、先方などからも、それとなく聞き出せるのがベストです。気分を害す危険性のある話題を避けられます。

仕事に直結する話はなるべく避ける
相手が接待に応じた時点で半分は目的を達成しているようなもの。そこで仕事の話ばかりでは、興ざめです。楽しい話題に終始し、どこかでひと言だけ確認する程度のほうが好印象でしょう。

相手を質問攻めにしない
相手を立てようとするあまり、質問攻めにするのもよくありません。適度に自分の話もして、場を盛り上げましょう。

接待する側の会話マナー

接待の場では、いつにもまして会話マナーに気をつけなくてはなりません。
注意点をしっかり守りましょう。

- 主役は相手。聞き役が基本
- 正しい敬語を使う
- 初対面どうしの人がいるときは仲を取り持つ
- 和やかな雰囲気作りを心がける
- 場を盛り上げる

NG

- 無礼講は通用しない
- 仕事の話は避ける
- 相手の会社や自社の悪口を言わない
- 接待自体はもちろん、その場で話したことは当事者だけの間にとどめ、不用意に口にしない
- お酒を強要しない
- 内輪話をしない

お礼状の書き方

宴席の後のフォローは非常に重要です。接待の成果を確実に回収するためにも、その日のうちにマナーに則ったお礼状を書きましょう。

拝啓
酷寒の候、ますますご清祥の由お喜び申し上げます。
本日はご多忙な中、私どものためにお時間を頂戴し、
誠にありがとうございました。
○○様の博識ぶりには圧倒させられ、
時が経つのも忘れるほど楽しい時でした。
何とぞ今後とも倍旧のご支援を賜りますよう、
お願い申し上げます。
敬具
○○年一月二十日　株式会社○○　田中　聡

参考

こんな店を選ぼう
店の候補が挙がったら、下見をしておきましょう

- **個室のある店**
  静かに話ができる店を選びます
- **話題の店**
  人気店や話題の店はそれだけで話のネタになり、喜ばれるものです
- **相手のイメージ・期待の半歩上を心がける**
  普段先方が行っている店とあまりにかけ離れて高級だと萎縮してしまうことも。「やや高級」を狙いましょう
- **相手の嗜好に合わせる**
  辛い物が嫌いな人を韓国料理屋に連れて行くようでは、それだけで台無しです。事前の調査をしっかり活かしましょう

ソーシャルネットワーク　人と人とのつながりを促進・サポートすることを目的として、コミュニケーションを円滑に運ぶための手段や場所を提供する、会員制のネットワークサービス。SNS。

接待される

受ける側の態度としてふさわしいのは

うかつな言葉は厳禁

接待の申し出を受けたら、相手がなにを望んでいるかを見極めましょう。会社どうしのつながりを深める「業務」ですから、誘われても即答は避け、上司に報告して判断を仰ぎます。

相手の希望に沿えない場合は、接待に応じてはいけません。接待を受けることは「相手の要求を呑む」という意思表示であると心得ましょう。打診を受けたら返事はできるだけ早めにするのが最低限のマナーですから、上司への迅速な報告が必要です。

また、相手は自分に対してではなく、自分の会社に対してお金を払っていることを自覚しましょう。おごった態度や発言は絶対にNGです。社の代表として接待を受けていることを意識し、不用意な発言を避けるよう心がけます。自分の決裁権のない商談にうかつに応じたり、流されるまま社外秘の話をしたりしないよう、節度をわきまえましょう。

接待される側に必要なこと

接待を受ける以上は、なんらかの便宜をはからなければなりません。また、接待を受けた翌日には必ず電話やメールでお礼を伝えましょう。場合によっては、きちんとしたお礼状を送る必要もあります。

過剰な接待を受けたら

あまりに高価な土産をもらったり、必要以上に高額な車代を渡されたりした場合は、丁重に辞退しましょう。

せっかくですが、
お気持ちだけちょうだいします

もう充分によくして
頂きましたので…

接待の誘いを受けたら

上司への報告

◎ △△社より、接待のお誘いを受けたのですが、お受けしてもよろしいでしょうか。先方とは、現在このようなプロジェクトを計画しています。ご同席頂けませんか

POINT 接待の誘いがあったことと相手についての情報を上司に報告し、できるだけ同席してもらいます。その案件について決裁権を持った人がいると安心です。

接待を受けるとき

できるだけ早く返事をします。
出席する際は、丁寧にお礼を述べます。もちろん不遜な態度はNGです。

✕「行ってもいいですよ」

○「ぜひご一緒させて頂きます」

◎ ありがとうございます。喜んで出席させて頂きます！

接待を断るとき

接待を断るときには、相手が納得できる理由を述べることも大切ですが、
先方の会社との関係を考え、本当の理由を伏せるべき場合もあります。

●会社の方針で接待が禁止のとき

○「社の規則でお受けできないことになっております」

POINT 最近は接待禁止の会社も増えています。
正直に話しても相手は理解してくれるでしょう。

●相手が期待する便宜をはかれないとき

○「お誘いありがとうございます。申し訳ございませんが、せっかくお席を用意して頂いても、当社としてご期待に沿えかねます」

○「ありがとうございます。残念ですが、外せない予定が入っており出席できません。申し訳ございません」

○「上司に相談したのですが、社の方針として接待を受けることを自粛しております」

POINT 正直に希望に沿うのは難しいことを話し、辞退するのも一つの方法です。また、
出席できない理由をあいまいにしておくのも、先方との関係を保つためには有効です。

●接待される覚えがないとき

誘って頂いたお礼の気持ちを伝えてから断るのがスマートです。

○「ありがとうございます。せっかくですがお気づかいは無用です」

ホットスポット ホテル、レストラン、カフェ、ガソリンスタンドや駅、空港などの公共スペースにインターネットのアクセスポイントを設置し、無線接続サービスを利用できるようにした場所。

社外での交流の場で

業務以外の付き合い

仕事時間以外にもビジネスチャンスあり

社外での勉強会や、取引先を含めた親睦会などといった、業務時間外の交流は、人の意外な一面を垣間見たり、尊敬できる人に出会えたり、有益な情報を得られたりと、たくさんのメリットがあります。また世代の違う人との付き合いは、有力者との人脈を広げるチャンスでもあります。このような会合は、忙しいときほど負担に感じ、苦手な人は敬遠しがちですが、チャレンジするだけの価値はあります。肩ひじを張らず、機会があれば参加してみましょう。

参加の際に絶対忘れてはならないのは、プライベートな時間であっても、そういった場では会社の代表として見られている、ということです。友人との関係のように、仲たがいをして気まずくなったり、言いたいことを何でも言ったりしてよい、というわけではありません。あいさつをきちんとする、丁寧な言葉づかいをするなどのマナーを守り、相手に敬意を示す意識はつねに必要です。

交流会は アイディアの宝庫

30代男性（メーカー）

月に一度、異業種交流の会合に参加しています。普段の仕事では自分の専門分野の仕事関係者としか会わないので、とてもいい刺激になります。飲み会が中心ですが、それぞれの分野のプロの視点での話が聞けて、知見が広がりますね。この会合がきっかけで一緒に仕事をすることになった人もいます。人の輪が広がることで自分のビジネスチャンスがどんどん広がるっていいですね。

自分の仕事の企画を立てるときにも、とても役立っています。新しい切り口のアイディアが湧いてくる、いいチャンスです。若手にもぜひ積極的に参加してほしいですね。

よくある失敗

純然たるビジネスシーンではなく社外での交流の場だからといって、気を抜いて名刺入れを忘れたり、名刺を切らしてしまったり…。これはよくありがちなことです。

せっかくのビジネスチャンスを、みすみす逃してしまうことにもなりかねません。ビジネスパーソンたるもの、よほどのことがない限り、つねに名刺の残数を確認し、補充する習慣をつけて、いつでも持ち歩くよう心がけましょう。

話してよいこと

- 発表ずみの情報
- 公開されている数字

話してはいけないこと

NG

- 社外秘のこと
- 新しいプロジェクトなど、公になっていない情報について
- 自社の悪口
- 他社の悪口
- 業務中に知った他社の情報
- うわさ話

社外秘の内容はもちろん、それに準ずる情報を漏らしてしまうことで、場合によっては会社の存続にまで影響をおよぼす場合もあります。また、その情報がもととなったインサイダー取引にまでつながりかねません。ビジネスパーソンとしての自覚をつねに持ちましょう。

お金の支払い

相手が年長者やクライアントであっても、よほどのことがない限り割り勘にすべきです。ここで貸し借りが発生すると、後々の仕事での力関係に影響が出る可能性があります。そうは言っても相手が強く譲らない場合は素直に言葉に甘えるのも手。頑なに固辞してしらけた雰囲気になるよりも、明るくお礼の言葉を述べる方が好感度も上がります。

✕「いえ、そういうわけにはいきません。
絶対に払います」

◎ それではお言葉に甘えさせていただきます。
ありがとうございました

POINT 「後日、何らかの形でお返しいたします」と言い、訪問の際の手土産などで返礼するのもよいでしょう。

個人情報保護法　個人情報やプライバシーを守ることを目的とした法律。2005年より施行。個人情報の利用目的を本人に明示すること、流出や盗難、紛失を防止することなどの5原則から成る。

パーティーの場で

ビジネスパーソンとして参加するには

ネットワーク・人脈づくりの宝の山

仕事関連のパーティーは、普段は接点のない人や、著名人と会話できるチャンスです。あらかじめ参加者リストやその会合の主旨を調べておき、だれにあいさつすべきか考えておきます。相手に合わせ、話題やアピールしておきたいことをまとめておくのもよいでしょう。

パーティーは、相手にとってもいろいろな人と話す機会であることを忘れないようにします。一人を長時間拘束してはいけません。できるだけ多くの人と、自分を知ってもらうひと言とともに名刺交換できるよう準備するのがすぐれたビジネスパーソンです。マナーに則った自己紹介・名刺交換で、多くの人から好印象を勝ち取るチャンスを活用しましょう。

慣れないうちは、パーティーはあまり居心地のよいものではないかもしれません。まずは知り合いや親しい人を探し、他の人を紹介してもらうのも手です。また、上司や先輩と同行するときは、後をついて名刺交換するのが効率的です。

立食パーティーでのマナー

- ●鞄は小さいものを用意する
  大きいものは邪魔
- ●名刺はたくさん用意する
  多くの人と名刺交換をするチャンス
- ●食べ過ぎたり飲み過ぎたりしない
  目的は食事や飲酒ではない
- ●はしゃがない
  あくまでもビジネス
- ●話し相手を引き止め過ぎない
  相手にとってもビジネスチャンスの場。「気が利かない人」という印象を与えないよう気をつける
- ●話に割って入らない
  話したい人がいたら、会話が終わるのをさりげなく待つ

パーティーでの自己紹介

✕「こんにちは。青山です」

○「私、△△会社の青山和記と申します」

◎ 初めまして。△△会社の青山和記と申します。
■■という飲料の営業をしております。
よろしくお願いいたします

POINT 会社名・氏名をきちんと名乗るのが常識。自分が招待された側で、ホスト側にあいさつする場合は「本日はお招き頂きまして、ありがとうございます」。逆の場合は「本日はお忙しいところをご出席頂きまして、ありがとうございます」とあいさつします。

知り合いになりたい人、一緒に仕事をしたい人がいたら

✕「あの、○○さんですよね？」

○「初めまして、私△△会社の青山和記と申します。
失礼ですが、××さんでいらっしゃいますか」

◎ 失礼ですが、××さんでいらっしゃいますか。
突然で恐縮ですが、ごあいさつさせて頂いても
よろしいでしょうか。私、△△会社の青山和記と申します。
××さんの□□という作品の～～の部分が大好きです。
お会いできて、光栄です！

POINT 知り合いになりたい人が出席者のなかにいれば、あらかじめ印象に残る言葉を短くまとめて用意しておきます。タイミングを見はからって「ぜひ、ごあいさつだけでもさせて頂きたいのですが」と話しかけてみましょう。

用意しておくとよい話題

- 出席者の情報を事前に集めておき、そこから調べたジャンルの話題
- 自分の仕事と相手の共通点、かかわりのありそうな話題
- 相手をほめることにつながる話題
- 自分の得意ジャンルの時事の話題

デジタルアーカイブ 遺跡や文化財、行政、司法、経済、教育、マスコミ情報などをデジタル情報にして記録・保管し、劣化や散逸を防ぐ。体系化して利用しやすくしておくことも含む。

上司の家に行く

上司とのプライベートでの付き合い方

楽しんでいる姿を見せることが相手にも喜ばしい

普段お世話になっている上司の家を訪問する場合は、プライベートといえどマナーは必ず守りましょう。上司の家族へのあいさつや自己紹介は丁寧にし、上司への敬意が伝わるようにします。また、招かれたことへの感謝をきちんと伝えましょう。手土産を持参する、お手伝いをする、というような気配りのほかにも、食事を出されたときのお礼など、上司の家族にも好印象を与えることを考えます。

訪問される側の上司や家族も、とても気をつかっているはず。こんなときは「うれしいです」「楽しいです」「おいしいです」などの言葉で心の底から楽しんでいることを相手にうまく伝えるのがもっとも喜ばれます。あまり緊張し過ぎず、積極的に話しましょう。また、上司を尊敬していることも家族にアピールしましょう。

誘われたときのマナー

行くとき

- 手土産を持っていく
- 長時間滞在しない
- 約束の時間より早く行かない

手土産は、基本的に誰もが好む食品が無難です。時間に関しては相手の迷惑にならないように考えて行動するのがマナーです。

断るとき

- 直前にキャンセルしない
- 行けない理由を告げ、残念な気持ちを伝える
- 他の人がいる前で「先日のお誘いなのですが…」などと切り出さない

個人的な誘いの場合、それを他の人に知らせてはいけません。また、直前のキャンセルはもっとも失礼なこと。上司の面目をつぶしてしまうことにもつながります。

あらかじめリサーチすること

- 家族構成
- 上司やその家族の嗜好
- 出身地

POINT 家族構成やその家族の趣味、好みを聞いておくと、事前に話題を考えたり、手土産を選んだりする際の参考になります。

よい話題・NGな話題

○
- 家族の話題
- 休日の過ごし方
- 趣味

×
- 上司のうわさ話
- 同僚などの悪口
- 会社の不満

手料理を振舞われたら

× 「わざわざすみません」

○
- おいしいです！　塩加減がすばらしいですね
- どうやって作るんですか
- 奥様はお料理がお上手で、課長がうらやましいです

POINT 何の感想も言わずに黙々と食べるのはNG。質問しつつほめてコミュニケーションをとりましょう。

苦手なものを出されたら

申し訳ございません。○○は苦手なんです。代わりにこちらをたくさん頂きます！

POINT 黙って残したり、あからさまに嫌な顔をしたりするのはマナー違反。

帰宅したら、すぐにお礼を

帰宅したらすぐに、お礼の気持ちを電話などで伝えましょう。
言葉だけでなく、手紙やハガキを奥様あてに出します。
上司へは翌日、口頭でお礼を伝えます。

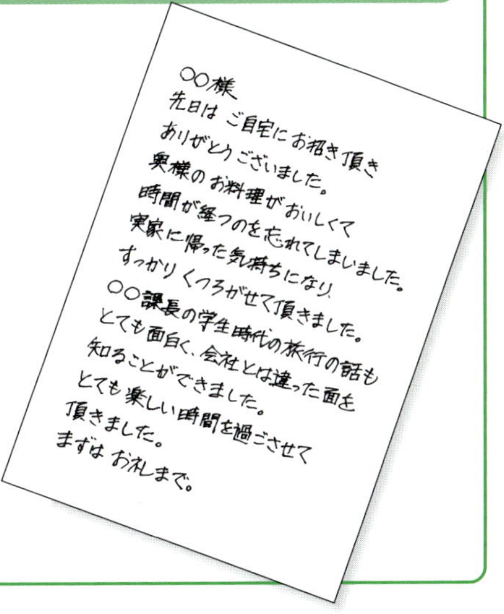

○○様
先日は ご自宅にお招き頂き
ありがとうございました。
奥様の お料理が おいしくて
時間が経つのを忘れてしまいました。
実家に帰った気持ちになり、
すっかり くつろがせて頂きました。
○○課長の学生時代の旅行の話も
とても面白く、会社とは違った面を
知ることができました。
とても楽しい時間を過ごさせて
頂きました。
まずは お礼まで。

非接触型ICカード　読取装置に差し込んで使用する接触型カードに対して、微弱電波を利用し装置に近づけるだけで情報のやり取りができるようにしたICカードのこと。JR東日本のSuicaなど。

プライベートな報告

時期をはかってうまく伝える

プライベートが仕事にかかわることもある

一般的に、仕事とプライベートは分けて考えるのが普通です。仕事の場にプライベートな事情や感情を持ち込まれると、周りが仕事をやりにくくなってしまうからです。

そうは言っても、仕事とプライベートを完全には分けられないのもしかたのないところ。また、そういった心情的な部分だけでなく、たとえば物理的にもプライベートな部分が仕事に影響をおよぼす場合があります。たとえば結婚する、子供ができた、引っ越しするなどがそれにあたります。そういった事情にともなって、長期の休みを取ったり、異動が必要になったり、いろいろな手続きが発生する可能性があるからです。

こういった話は、いたずらにうわさ話のターゲットにならないように、そしてまた急に申し出て仕事に影響が出ないように、時期をはかることが必要です。

報告する順番

1. 直属の上司
2. 所属長
3. 社長
4. 同僚（先輩・後輩を含む）

直属の上司を飛び越えて所属長に報告したり、同僚などに話して職場のうわさ話になってしまってから慌てて上司に報告するなどといったことは、好ましくありません。プライベートとはいえ、報告する順番はくれぐれも間違えないように。会社の規模などによっても違いがあるので、直属の上司に確認してみましょう。

報告のきっかけフレーズ

◎ **プライベートなことでご報告があるのですが、お時間を頂いてもよろしいでしょうか**

POINT まず、仕事のことでなく、プライベートな話であるということを明確に伝えます。場所や時間については上司に任せます。社内でなら、別室を取ってもらいましょう。

結婚する

◎ **このたび結婚することになりました。つきましては、4月17日に赤坂の××会館で結婚式をいたしますので、宮崎課長にぜひ出席して頂きたいのですが、ご都合はいかがでしょうか**

POINT 挙式の日取りが決まったら、まず直属の上司に報告します。結婚式に出席して頂くときは、日程を伝えて予定を入れてもらうようお願いを。

子供ができた（女性）

◎ **来年1月に子供が生まれる予定です。それにともない、12月から産休を取らせて頂きたいのですが、よろしいでしょうか**

POINT 産休・育休期間の人の補充や、引き継ぎなどを考えてもらうため、早い時期に直属の上司に伝えましょう。一般的に、同僚や職場の人たちには、安定期に入った6か月前後に伝えます。

子供ができた（男性）

◎ **来年1月に子供が生まれることになりました**

POINT 安定期に入ったころに上司に報告します。出産したら、総務部などに届け出て、保険や扶養手続きの変更を行います。

引っ越しする

◎ **×月×日に、△△△に引っ越しをすることになりました**

POINT 引っ越しをする場合は、直属の上司、総務部等に報告し、通勤経路の変更手続きをします。

身内に不幸があった

◎ **×月×日に父が亡くなりました。通夜を△日▼時に、葬儀を□日◆時に、品川の□□会館でおこないます。つきましては本日から1週間の慶弔休暇を頂きたいのですが**

POINT 社員の家族が亡くなった場合、会社が手伝いを出したり、上司や同僚が葬儀に参列したりすることがあります。「だれが、いつ、どこで亡くなったか。通夜、葬儀はいつ、どこで行うか」を伝えます。

ユビキタス 「いつでもどこでも」を意味するラテン語。インターネットなどの情報ネットワークに、時間や場所を問わずにアクセスできる環境をいう。パソコンの常時接続や携帯情報端末もその一環。

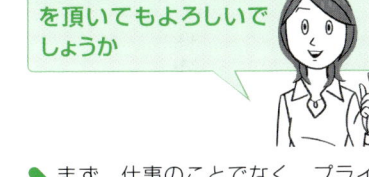

結婚式で

恥をかかない慶事のマナー

お祝いの気持ちをマナーで表す

社会人になると上司や先輩、取引先の結婚式に招待される機会も増えます。そんなときこそ「できるビジネスパーソン」として、完璧なマナーで振舞いたいもの。冠婚葬祭のマナーは、長い歴史のなかで生まれたしきたりです。地方や会社によって微妙に異なる部分もありますので、先輩や上司に尋ねるなどして、最初に正しい常識を身につけるようにしましょう。

特に会社関係者が出席するような結婚式では、マナーを知らずに振舞うことで「常識はずれな人」と思われ、自分が恥をかくばかりか、結婚する当事者や会社のほかの人たちにも恥ずかしい思いをさせかねません。

まず、結婚式の招待状を受け取ったら、なるべく早く出欠の返事を出すのが礼儀。招待されていない場合は、お祝いの品やお金を贈ったり、祝電を打って気持ちを表します。いずれにしろまわりの先輩や上司などと相談し、ひとりよがりにならないようにする心づかいが大切です。

結婚式で避けたい言葉

結婚式のおめでたい席では、「別れる」「切れる」などの忌み言葉、
「二度ある」などの重ね言葉は避けるようにします。スピーチなどの際には気をつけましょう。

飽きる
いよいよ
失う
終わる
返す
帰る
欠ける
重ね重ね
切る
繰り返す
くれぐれも

壊れる
最後
再三
去る
たびたび
つぶれる
流れる
なくなる
離れる
冷える
日々

再び
またまた
皆々様
戻る
破れる
別れる
分ける
わざわざ
割れる

受付では

本日はおめでとうございます。新婦の友人の田中奈々と申します。本日はお招き頂きまして、ありがとうございます。お祝いの気持ちです

POINT 受付の人にお祝いの言葉を述べ、ご祝儀を持参しているのならば渡します。その後、芳名録に記帳して控え室へ入ります。

控え室では

おめでとうございます。本日はお招きありがとうございました。△△社の後輩の田中奈々と申します。いつも由佳さんにはお世話になっています

POINT 新郎新婦の両親を見かけたら、その場で声をかけます。他の招待客にも自己紹介をし、なごやかに振舞います。

披露宴では

△△会社で由佳さんの後輩の田中奈々と申します

POINT 隣席の人が初対面であれば、自己紹介をし、披露宴中は歓談します。

退場するときは

本日はお招きありがとうございました。お幸せに

すばらしい披露宴でしたね。感動しました

すてきなだんな様ですね

POINT 隣り合わせた人に「ありがとうございました」とお礼を言います。それから出口に並び、見送りに出ている新郎新婦、両親にあいさつします。

スピーチを頼まれたら

組み立て方

❶お祝いの言葉
❷簡単な自己紹介と、新郎あるいは新婦との関係
❸新郎新婦の人柄をほめ、具体的なエピソードを添える
❹結婚生活を始める2人への励ましの言葉、アドバイスなど
❺お祝いの言葉で結ぶ

全体を3分以内でまとめ、要点を記したメモを用意します。

スピーチのNG

NG

暴露話
過去の恋愛話
失敗談
身内だけに通じる話

バズワード 一見専門用語に思えるが、明確な意味や定義をもたない言葉のこと。もともとは「蜂の羽音」の意味で、群衆がざわめいている様子も表す。一定のグループ以外の者には意味がわからず、独り歩きしやすい言葉。

弔事で

慌てない弔事のマナー

故人や遺族に礼を逸しないために

お祝いごとと違って、ある日突然もたらされることの多いのが訃報です。予測できないからこそ前もってマナーを知っておかないと、思わぬ恥をかくことにもなりかねません。ビジネスの場では、故人が取引先の人なのか、自社の人間か、あるいはその家族なのかで、どのように対応するかが違ってきます。葬儀も、仏式、神式、キリスト教式など、宗旨によってもマナーが違うので気をつけましょう。儀式に関することは理屈でなく体で覚えてしまうことが先決です。

職場から通夜に参列するときは、喪服である必要はなく、地味なスーツを着用します。日ごろから不測の事態に備えて、地味なダークスーツやジャケット、ネクタイなどを社内のロッカーに用意しておくのがビジネスパーソンのマナーです。また、出張中などで、通夜にも葬儀にも参列できない場合は、代理の人に出席してもらうか、弔電を打つなどでお悔やみの気持ちを伝えるようにします。

弔事で避けたい言葉

葬儀、通夜などの席では、「四（死）」「九（苦）」などの数字や、不幸が重なることを暗示させるような重ね言葉、「死ぬ」「生存する」などの直接的な表現は避けるようにします。

浮かばれない	しばしば
追いかける	生存
返す返す	度々
重ね重ね	次に
共通	続けて
繰り返し	なお
くれぐれも	引き続き
再三	再び
死	迷う
死ぬ	

通夜・葬儀・告別式

葬儀は、遺族や近親者など、故人と近い人とのお別れのためのもの。告別式とは生前の故人の知人、友人が最後のお別れをするためのものです。もともとは別々に営まれていましたが、最近は2つ続けて行うことが多くなっています。

また、故人と特別に親しい関係である場合以外は、通夜か葬儀のどちらかに参列すればよいとされています。

訃報を受け取ったら

突然のことで、なんと申し上げたらよいのか…

POINT 必ずしも語尾まではっきりと言わなくてもかまいません。そのうえで、「いつ、どこで、だれが亡くなったか。通夜・葬儀は、いつ、どこで行われるか」を確認し、メモを取ります。直属の上司、同僚の家族などの場合は、手伝いが必要かどうかも尋ねます。

キリスト教式のとき、無宗教式のときは

安らかなお眠りをお祈り申し上げます

どうぞお力を落とさずに

POINT 「お悔やみ」「ご冥福」「ご愁傷様」などの言葉は使いません。

受付では

このたびはご愁傷様でございます

POINT 受付で一礼し、お悔やみの言葉を述べます。

ご霊前にお供えください

POINT 香典を相手側に向け、両手で差し出し、その後、会葬者名簿に記帳します。もう一度、受付の人に一礼して、会場に入ります。

よく使われる悔やみ言葉

●一般的なもの

「このたびはまことにご愁傷様でございます。心からお悔やみ申し上げます」
「どんなにお力落としのことかと存じます。心中お察しいたします」
「ご冥福をお祈りします」
「おさみしくなられますね」

重々しく、低めの声で言います。この場合、流暢に言えなくてもマナー違反ではありません。むしろ、故人をしのんで気持ちを込めたお悔やみを、自分の言葉で言う方が気持ちが伝わります。

●急逝のとき

「思いがけないお知らせを頂きまして、まだ信じられない気持ちでございます」
「急なことで、なんと申し上げたらよいのか…。心からお悔やみ申し上げます」

●長患いのとき

「ご病気とは伺っておりましたが、こんなことになろうとは思っておりませんでした」
「このたびはご愁傷様でございます。お力落としのことと存じますが、ご看病のお疲れが一気に出ませんように」

弔事のときのNG

NG

- 名刺交換
- 大声での会話・談笑
- 遅刻
- 途中退場
- しつこく死因を尋ねる
- 携帯電話を鳴らす

情報リテラシー リテラシーとは、識字能力・読み書き能力のこと。コンピュータなど情報関連技術を習得し、情報化社会のなかで積極的に多様な情報を収集処理し活用していくことができる能力。

コラム

「話し方」以前の身だしなみのマナー

第一印象は話す前に決まる

どんなにきちんと話せても、身だしなみがだらしなければ、好印象は与えられません。職場にふさわしい服装とともに「清潔感」を第一に心がけ、身だしなみを整えましょう。たとえ高級なスーツを着ていても、ワイシャツの襟や袖口が汚れていたり、肩にフケが落ちていたりしては台無し。スラックスやスカートの折り目、ストッキングの伝線、靴の汚れなどにも気をつけましょう。

清潔感は、健康的な生活から生まれます。夜ふかしや朝寝坊などの不規則な生活を送っていては、生き生きとした表情や動きはできません。口臭や肌荒れといった身体的なトラブルも起こしやすく、服装の乱れにもつながります。「健康管理」も身だしなみの1つと考えて、規則正しい生活を心がけましょう。

初対面のときに受けた印象は、そのままその人に対するイメージとなって定着しやすいものです。会話をかわす前に好印象を与えることができれば、関係を築くうえでもプラス地点からスタートすることができるのです。

全身鏡でチェックする習慣を

職場以外のパーティーなどでも、服装や髪型に乱れがある人、場にそぐわない服装の相手と話すときには周囲の目も気になり、とても気をつかいます。自分の身だしなみに気を配ることは、じつは自分と会話をしてくれる相手を大切に思う気持ちを表現することにも通じるのです。

職場でも同様です。顔を合わせる人たちへの配慮に加え、自分自身のやる気を向上させるためにも、身だしなみを毎日の習慣にしてしまいましょう。出勤前に必ず、できれば全身を映せる鏡でヘアスタイル、顔色（女性は化粧も）、服装、持ち物や姿勢を順にチェックするようにしてください。

付録

上司や先輩はもちろん、初対面の取引先の人でも、出身地のことを知っていることで親近感が増し、話が弾むことが多いはず。ここではそんなポイントアップの知識をつけましょう。

人はだれでも、背景である時代の影響を受けながら育ちます。その人が幼少のころ、また青年期を過ごしたころにはどんなことがあったか、なにが流行していたかなどを知ることは、会話を弾ませるために有効です。

都道府県名／県庁所在地を示しています

各都道府県の特色

自分の郷里に対する関心を示す相手には、好意的に接してくれる人が多いもの。自然に話を向けられるよう、各地に関する知識を備えましょう。

北海道／札幌市

知床半島、大雪山、阿寒、釧路湿原ほか名勝が多数。じゃがいも、とうもろこし、アスパラガス、鮭、ほたて貝、昆布、乳製品など特産物も豊富。「札幌雪まつり」やオホーツク海の流氷が有名。

青森県／青森市

白神山地ほか、十和田湖、下北半島、津軽など。弘前城址は桜、夏泊半島、椿山は椿の名所。りんご、にんにくの代表的な産地。「ねぶた祭」は青森市で行われる。弘前市では「ねぷた」と呼ばれる。

岩手県／盛岡市

リアス式の三陸海岸は見事な景観。盛岡市の石割桜と山岸かきつばた群落が花の名所。鮭、前沢牛、南部鉄器などの特産物、椀の中に次々とそばを移し入れてもてなす名物「わんこそば」がユニーク。

宮城県／仙台市

「ひとめぼれ」などの米、海産物のカキ、ホヤ、仙台の「長なす漬け」が特産物。伊達政宗は今も愛され続ける名武将。「仙台七夕まつり」では、大小3000本にもおよぶ華やかな笹飾りが街を彩る。

秋田県／秋田市

角館武家屋敷は桜の名所でもある。特産物に米、清酒、きりたんぽ、稲庭うどん、ハタハタ、比内地鶏、「いぶりたくあん」がある。「秋田竿灯まつり」、男鹿のなまはげ、横手地方のかまくらも有名。

山形県／山形市

すべての市町村に温泉がある。磐梯朝日国立公園、鳥海、蔵王、栗駒国定公園などが名勝。特産物のさくらんぼは日本一の生産量を誇り、食用菊、そば、米沢牛も人気。「芋煮」はアウトドアの魅力も。

福島県／福島市

須賀川牡丹園や福島盆地の桃など花の名所多数。なかでも推定樹齢1000年を超えるといわれる三春の滝桜は、幽玄の美そのもの。なめこ、柿、桃とともに会津漆器、張り子など伝統工芸品も特産物。

茨城県／水戸市

つくば～秋葉原間を結ぶ「つくばエキスプレス」が話題に。偕楽園は梅の名所で有名。特産物にメロン、梅干、納豆、常陸牛に加えて「ローズポーク」というブランド豚肉があり、あんこう鍋も人気。

栃木県／宇都宮市

東照宮や二荒山《ふたらさん》、中禅寺湖、華厳の滝、戦場ヶ原などの観光名所を含む日光国立公園を有する。いちご、かんぴょうの産地で、民芸陶器の益子焼でも知られる。近年は宇都宮が餃子の町として有名に。

群馬県／前橋市

日光、上信越高原国立公園と妙義荒船佐久高原国定公園がある。秋間梅林は梅、湯の丸高原はつつじの名所。榛名山は優美な姿の名山。こんにゃく、下仁田ねぎと絹織物の産地で、高崎だるまも有名。

埼玉県／さいたま市

長瀞《ながとろ》は桜、越生《おごせ》うめの里は梅の名所。特産物に狭山茶と草加せんべいがあるが、ほうれん草、ねぎ、ブロッコリーなど多種にわたる野菜や県産米の新品種「彩のかがやき」など、農作物も多い。

千葉県／千葉市

南房総フラワーラインは、菜の花が見事。特産物は、落花生、梨、イワシをはじめとする海の幸、しょうゆやみそ。酪農も盛んで乳製品も豊富。幕張メッセや東京湾アクアラインは、関東近辺の新名所。

東京都／ー

小笠原国立公園はホエールウォッチングで、千鳥が淵は桜、吉野梅郷は梅、大島公園は椿で有名。のり、佃煮、くさや、うど、麹で漬ける「べったら漬」、アサリを炊き込んだ「深川めし」が特産物。

神奈川県／横浜市

箱根の景勝、鎌倉の史跡や文化財、近未来的な再開発地「みなとみらい」など多様な魅力に富む。特産物は、すいか、三崎港にあがるマグロ、箱根細工や鎌倉彫。平塚「七夕祭り」も有名。

新潟県／新潟市

磐梯朝日、上信越高原、佐渡弥彦米山、越後三山只見国定公園といった名勝を有する。特産物は、「コシヒカリ」などの米、米菓、餅など。清酒にも名品が多く、土産物として笹団子も人気が高い。

富山県／富山市

五箇山の合掌造り集落は、世界文化遺産に登録されている。老谷は椿の花で有名。特産物はホタルイカ、マス、チューリップ、医薬品、銅器。笹で包まれた駅弁「ますのすし」「ぶりのすし」もある。

長野県／長野市

南アルプスなど自然の景勝が豊かで、善光寺をはじめ高遠城址の桜、飯山市瑞穂の菜の花、あんずの里、前山寺《ぜんさんじ》の牡丹など名所も多い。特産物は、りんご、そば、わさび、みそ、馬肉、野沢菜漬など。

山梨県／甲府市

つつじヶ原の桜、甲府盆地の桃の花が見事。特産物は、ぶどう、桃、ワイン、水晶。小淵沢駅の「元気甲斐」は駅弁の中でも人気の一品。山梨県立美術館は「種まく人」などミレーの名画で知られる。

静岡県／静岡市

富士、伊豆の景勝を有する。茶、わさび、ウナギ、桜エビ、「わさび漬」が特産物として知られる。幕末から維新期の侠客・山本長五郎が出身地にちなんだ「清水次郎長」の通り名で親しまれる。

愛知県／名古屋市

三河湾、天竜奥三河、愛知高原が景勝。特産物にキャベツ、地鶏、守口大根を塩・酒粕・みりん粕に漬け替えて仕上げる「守口漬」、平たくなめらかな「きしめん」がある。一宮「七夕祭り」も有名。

岐阜県／岐阜市

世界文化遺産の川郷合掌造り集落、飛騨木曽川国定公園などがあり、飛騨牛、柿、陶磁器、刃物が特産物。豪華な屋台（山車《だし》）が飛騨の街並に映える「高山祭」や「長良川鵜飼い」は観光客でにぎわう。

福井県／福井市

白山国立公園、景勝で知られる越前岬を含む越前加賀海岸、若狭湾国定公園や足羽川《あすわがわ》の桜の花が名所。特産物の越前ガニを用いた駅弁「かにめし」、らっきょう、眼鏡のフレーム、和紙、漆器なども。

石川県／金沢市

能登半島が名勝。特産物に、ブリを挟んだ「かぶら寿司」など。金沢は藩主・前田利家の下、加賀百万石の城下町として栄え、九谷焼、輪島塗、加賀友禅などの工芸品で有名。橋や塔にも粋を凝らした「兼六園」を有する。

三重県／津市

紀伊山地の霊場と参詣道は世界文化遺産。伊勢志摩国立公園内にある伊勢神宮は、皇室の祭祀を執り行う社格を超えた最高の存在として信仰を集める。特産物は松坂牛、伊勢エビ、ハマグリ、真珠など。

滋賀県／大津市

琵琶湖を有する。特産物として、近江牛、アユ、フナなど琵琶湖産の淡水魚や信楽焼、浜ちりめん、「フナ寿司」。「玄宮園庭園」では、池を中心とした造りの典型的な日本庭園の景観が楽しめる。

京都府／京都市

金閣・銀閣や清水寺などの仏閣をはじめ、仏像や屛風絵など平安・室町時代の文化遺産が、多数。特産物は宇治茶、京野菜、京菓子、西陣織。「千枚漬」は冬の味覚。「祇園祭」などの祭りも優美。

兵庫県／神戸市

神戸市には、異人館と呼ばれる洋風建築の文化財が数多くあり、アンティークの調度品や陶磁器も見られる。猪肉、オリーブ、清酒、播州織、そろばんなどが特産物。阪神甲子園球場や夜景の美しさでも知られる。

大阪府／大阪市

花の名所として知られるのは、大泉緑地かきつばた園。食べ物は、タコ焼き、イカ焼きなどの庶民的な味が豊富。大きな地車が激しくぶつかり合う「岸和田だんじり祭」は、荒々しさで人気が高い。

奈良県／奈良市

吉野山は、桜の名所。優れた仏教美術を生んだ天平文化の文化遺産を多数所有。奈良公園は放し飼いの鹿で知られる。特産品は茶、奈良漬、柿の葉ずし、三輪そうめん、吉野杉、金魚、筆、墨など。

和歌山県／和歌山市

紀伊山地の霊場と参詣道は、世界文化遺産。南部《みなべ》梅林や椿も人気。特産物に、みかん、梅、ホロホロ鳥、鯨肉、ハモなどがある。しょうゆ発祥の地とされるほか、近年和歌山ラーメンの人気が高い。

鳥取県／鳥取市

大山隠岐、鳥取砂丘を含む山陰海岸国立公園、氷ノ山後山那岐山、比婆道後帝釈国定公園を有する。特産物は、松葉ガニと梨。境港には妖怪のオブジェが飾られた水木しげるロードがある。

岡山県／岡山市

名勝は、瀬戸内海、氷ノ山後山那岐山国定公園、岡山市の後楽園など。特産物としては桃やマスカット、備前焼。倉敷市の歴史的な街並も人気。サワラやアナゴなどの名物を詰めた駅弁「桃太郎祭りずし」も人気。

島根県／松江市

大国主命《おおくにぬしのみこと》を祀る出雲大社が有名。特産物はメロン、清酒、シジミ、牛肉、ワインなど。瓦、木工品の産地でもある。民間伝承による「出雲神楽《いずもかぐら》」や「出雲そば」など出雲大社ゆかりのものも多い。

広島県／広島市

多くの国宝を蔵する厳島神社、原爆ドームは世界遺産に登録された名所。特産物は、広島湾で養殖されるカキ、のり。お好み焼きや薄味が特徴の「広島菜漬」が人気。「もみじ饅頭」は土産物の定番。

山口県／山口市

豊かな自然に囲まれ、下関には壇ノ浦、赤間神宮などの史跡も。関門海峡にかかる橋や白壁の美しい街並も有名。特産物は、有名な下関のフグ、ウニ、車エビ。萩焼、赤間すずりや大理石の加工品も。

香川県／高松市

海上の守護神である金毘羅大権現を祀った金刀比羅宮は、桜もみごと。コシの強さが自慢の特産物「讃岐うどん」は、いまや全国区で人気。ほかに漆器、手袋、うちわ、「栗林《りつりん》公園」の日本庭園も有名。

徳島県／徳島市

瀬戸内の豊かな景勝に恵まれ、香り高いすだち、鳴門金時、鳴門ワカメが特産物。潮の干満にともなって潮流が渦巻く「鳴門の渦潮」、にぎやかな囃子とともに踊り歩く「阿波おどり」が、特に有名。

愛媛県／松山市

松山城、道後温泉と並んで、「天赦園庭園」は見事な藤棚で人気が高い名所。みかんの生産量では、和歌山県とつねに全国1、2を争っている。ほかに伊予柑なども。伊予絣や真珠の産地でもある。

高知県／高知市

桂浜、五台山が有名な景勝地。特産物は、ゆず、カツオ、土佐牛とサンゴ、和紙。カツオは大皿に盛り付けた皿鉢《さわち》料理として食する。幕末の志士・坂本竜馬は今も郷土の誇り。「高知よさこい」がある。

福岡県／福岡市

白砂青松の弧状海岸、リアス式海岸、海浸洞が名勝。特産物は明太子、万能ねぎ、豚骨スープの「博多ラーメン」、博多人形、博多織、久留米絣。祭りは「博多どんたく」「博多祇園山笠」が知られる。

佐賀県／佐賀市

玄海国定公園や東松浦郡切木《きりご》の牡丹が名所。特産物に、いちご、清見オレンジ、デコポン、車エビ、のり、有明海の干潟で採れるムツゴロウの加工品など。赤絵が鮮やかな有田焼、色絵で名高い鍋島焼も。

長崎県／長崎市

雲仙天草の景勝に加え、長崎港の女神大橋も新名所に。特産物は、びわ、カステラ。エビやちくわなど具だくさんの「長崎ちゃんぽん」も。「長崎くんち」には、異国情緒にあふれた竜踊りが登場する。

大分県／大分市

吉野梅園の臥竜梅は見事。特産品に、城下ガレイ、しいたけ、かぼすがある。なかでも冬季に育った肉厚のしいたけは「冬子《どんこ》」と呼ばれ、最高級品として干ししいたけに加工される。

熊本県／熊本市

世界最大級のカルデラと多くの温泉をもつ阿蘇山を有する。花の名所としては、大畑《おこば》梅園、日輪寺公園のつつじなどが挙げられ、特産物は、高菜、すいか、トマト、みかん類。馬肉やイグサの産地。

宮崎県／宮崎市

日南海岸、日豊海岸、九州中央山地国定公園など海岸地形が楽しめる。かぼちゃ、焼酎のほか、宮崎完熟マンゴー、宮崎牛、宮崎ハマコウポークなど「宮崎ブランド」を前面に出した特産物が多い。

鹿児島県／鹿児島市

屋久杉の原生林が広がる屋久島、奄美群島国定公園などの名勝を有する。特産物に桜島大根、さつまいも、黒豚、深いあめ色の「山川漬」、山いもを原料とする「かるかん饅頭」。焼酎や大島紬も有名。

沖縄県／那覇市

亜熱帯のため、通年多種の花が見られる。特産物は、さとうきび、にがうり、パイナップル、モズク、黒糖、泡盛、紅型、カツオだしの効いたスープの「ソーキソバ」、伝統的な菓子「ちんすこう」も。

世代の違う人と話すために

たとえば上司や先輩、取引先の担当者が1960年生まれであるとすると、10歳のころの懐かしい思い出は70年代に見られるはずです。時代の影響は「世代」の特徴としても表れてくるもの。その人を理解し会話をスムーズに運ぶためにも、背景を知ることから始めましょう。

1950年代

朝鮮特需ブーム	50〜54年の朝鮮戦争が始まると、好景気の波が押し寄せる。終戦とともに大企業が合理化をはかり始め、各地でストライキが多発した。
「日本銭」から「日本円」へ	1954年、通貨の単位「銭」硬貨の使用が禁止となった。1950〜58年にかけ千円札・5百円札・5千円札・1万円札、百円硬貨も発行された。
「君の名は」	一世を風靡したNHKラジオドラマ(1952年)。同映画(1953年)もヒットし、ヒロインのファッションを真似たショールの「真知子巻き」が流行する。
「ローマの休日」大ヒット	大ヒット映画「ローマの休日」(1954年)の主演女優オードリー・ヘップバーンにあこがれる女性が続出。ヘアスタイルやファッションが流行。
ジェームス・ディーンが一躍スターに	映画「エデンの東」が大ヒット(1955年)。従来の優等生的なスターとは違う、純粋なゆえに屈折する新しいヒーロー像で、男女を問わず魅了。
ロックンロール登場	エルヴィス・プレスリーの歌う「ハート・ブレイク・ホテル」が大ヒット(1956年)。新しい音楽ロックは、ロカビリーブームへと続く。
街頭から家庭へ。テレビ時代到来	59年皇太子ご成婚。民間から出た最初の皇太子妃・美智子様を家庭で見るために、テレビを購入する人が急増。「一家に1台」の時代へ。
太陽族と石原裕次郎	「太陽の季節」(1956年)でスクリーンデビュー、エネルギーをもてあます若者像を演じた石原裕次郎の人気が爆発。カミナリ族、ビート族も登場。

1960年代

テレビ放送カラー化	60年カラーテレビ発売。17インチが約42万円。電気冷蔵庫・マイカーとともに、あこがれの「三種の神器」と呼ばれた。
「ダッコちゃん」一大ブーム	空気を入れてふくらませるビニール製のマスコットが人気を博し、ファッションの一部として腕につけて歩く女性が、街にあふれた(1960年)。
インスタントラーメンが登場	お湯をかけるだけで食べられる画期的な食品、インスタントラーメン発売(1960年)。手軽さが喜ばれる世の風潮ともマッチして、人気商品に。
「スキヤキソング」アメリカでヒット	坂本九の人気曲「上を向いて歩こう」が、アメリカでも大ヒット(1963年)。日本らしくわかりやすいように…と、タイトルは「スキヤキソング」。
東京オリンピック	1964年の開催に備えて新幹線や高速道路が整備され、街の景観も一新。選手たちの活躍に引かれ、閉会後にはバレーボール人口が急増した。
ミニスカート登場	若い女性の間で大流行(1966年)。ブームのきっかけとなった人気モデルのツゥイギーも来日(1967年)し、細身であることが美しさの条件に。
フォークソングブーム到来	マイク真木の歌う「バラが咲いた」がヒットし(1966年)、ギターを弾きながら自作の歌を歌う、フォークソングが音楽シーンを席巻。
3億円事件	白バイ警官のフリをした犯人に、現金輸送車ごと盗まれる(1968年)。大胆で巧妙な手口による大金の窃盗事件は、現在も未解決のまま。
アポロ11号が月面着陸	宇宙からの映像に、だれもがテレビの前に釘付けに(1969年)。カラーテレビの契約台数が飛躍的に伸び、メーカーの在庫も品薄状態に。

1970年代

大阪で万国博覧会が開催	岡本太郎作「太陽の塔」をシンボルに、「月の石」などが展示される(1970年)。高度成長期の上昇気流に乗り、日本中がお祭り気分に。
ホットパンツ流行	ミニスカートはもう古い。大胆なホットパンツが最先端のファッションとして注目される(1971年)が、長いブームには至らず。
札幌オリンピック	スキーのジャンプ競技で、笠谷幸三をはじめとする日本人選手が表彰台を独占(1972年)。フィギュアのジャネット・リンがアイドルに。
空前のパンダブーム	上野動物園でジャイアントパンダ公開(1972年)。初日には1万8000人が詰めかけた。ぬいぐるみなどの関連商品も、多数発売される。
「ピースマーク」大流行	黄色く丸い笑顔デザインで現在も知られるスマイルバッジが、世代を問わず人気を集める(1972年)。アクセントとして胸につける人が多かった。
ブルース・リー登場	ブルース・リー主演の映画「燃えよドラゴン」のヒット(1973年)で、カンフーブームに。ヌンチャクを持って奇声を発する真似がはやった。
「ベルばら」ブーム	池田理代子原作の人気漫画「ベルサイユのばら」が、宝塚の舞台でも大ヒット(1974年)。その後の宝塚ブームにまでおよぶほどの人気を博す。
長嶋茂雄引退	ミスタージャイアンツとして親しまれた長嶋茂雄選手が引退(1974年)。「(巨人軍は)永遠に不滅です」「永久欠番」などの流行語も生まれた。
「世界のホームラン王」へ	1976年、巨人軍の王貞治選手が715号を放ち、ベーブルースの保持していたホームラン記録を超える。78年には800号を達成した。
インベーダーゲーム大人気	テレビゲームの走りともいえるインベーダーゲームが、喫茶店などのテーブルを中心に大流行(1978年)。店内は、電子音の洪水に。

1980年代

1億円の落し物	東京・銀座で大貫久男さんが、現金1億円を拾得(1980年)。警察に届けるが、規定の日になっても持ち主は名乗り出てこなかった。
山口百恵引退	多数の映画で共演した俳優・三浦友和との結婚と同時に、芸能界を引退(1980年)。人気トップのままの引退劇により、伝説のアイドルに。
千代の富士が横綱昇進	精悍なマスクと取り口から「ウルフ」と称される人気力士・千代の富士が、大相撲人気を支える横綱に(1981年)。89年には国民栄誉賞を受賞。
「なめ猫」ブーム	ツッパリファッションの流行を受けて、暴走族ルックに身を固め「なめんなよ」と斜に構える子猫たちの写真が人気に(1981年)。
コンパクトディスク登場	音楽をデジタル化して録音したコンパクトディスク用のプレーヤーが発売(1982年)。アナログレコードの市場は、一気に縮小へと向かう。
グリコ・森永事件	製品に青酸ソーダなどの毒物を混入するという脅迫が「かい人21面相」を名乗る犯人によって繰り返された(1984年)が、未解決のまま沈静化。
時代は「昭和」から「平成」へ	1989年1月に昭和天皇が崩御。皇太子明仁親王が即位。7日間で終わった昭和64年に替わり、新年号による「平成元年」が始まった。

1990年代

バブル景気はじける	長くは続かないといわれた異常なほどの好景気が、ついに終了（1990年）。一瞬にしてはじける様子を泡にたとえて、「バブル景気」と呼ばれることに。
皇太子徳仁親王ご成婚	外務省勤務の才媛・雅子様との結婚の儀が、皇居・宮中三殿の賢所で行われた（1993年）。東宮仮御所へ向かうパレードには、19万人の人出が。
米不足	冷害による米不足のため、スーパーなどでは開店と同時に売り切れる事態が続出（1993年）。200万トンの外国産米が緊急輸入された。
関西国際空港開港	日本初の海上、24時間営業の空港が誕生（1994年）。ショッピングアーケードとしての機能も充実し、空港自体が観光地としての性格を帯びる。
日本人大リーガー誕生	野茂英雄投手がアメリカのプロ野球球団ドジャースと契約（1995年）。マイナーからメジャーへ切り替え、大リーガーに。新人王にも選ばれた。
アジアでサッカーワールドカップ開催	日本と韓国の招致合戦から、2か国共催へ（1996年）。「アジアでワールドカップを」、というサッカーファンの長年の夢が叶った。

2000年代

2千円札発行	九州・沖縄サミットと西暦2000年を記念して、2千円札が発行された（2000年）。首里城守礼門と紫式部・源氏物語絵巻がデザインされている。
三宅島噴火で、全島民避難へ	周辺で震度4クラスの地震が頻発するなか、三宅島の雄山が噴火（2000年）。噴石は住宅区まで飛散し、家屋の崩壊もあって全島民が離島避難。
民間企業からノーベル賞受賞者が	島津製作所の田中耕一・研究所主任が、2002年度のノーベル化学賞を受賞。民間の研究所における活動が評価されたことでも意義深い。
デジタル放送開始	高画質・高音質が楽しめる地上デジタル放送が始まる（2003年）。2011年には、すべての放送がデジタルへと切り替わることに。

欄外ビジネス用語INDEX

●著者
唐沢明（からさわ あきら）

1968年広島県生まれ。大学講師、営業・就職・敬語コンサルタント、コミュニケーションアドバイザー、作家。就職氷河期の学生時代、マスコミ26社に内定する。東京書籍営業部、ベネッセコーポレーション編集部を経て、講師・作家として独立。全国25校の大学とアナウンススクール、ビジネスパーソン向けのセミナーで、バイタリティと個性あふれる熱血講義を展開、年間280講義を超えるカリスマ講師。新聞、雑誌、テレビなど活躍の幅は広い。

○著書
『敬語すらすらBOOK』『敬語これだけBOOK』（成甲書房）など

唐沢明ホームページアドレス：http://akira-dream.com

編集協力　㈱トプコ、楠本知子
執筆協力　大野マサト、柳元順子
デザイン　コミュニケーションアーツ
イラスト　安ヶ平正哉
取材協力　榎明子

さすが！と言われる
話し方・聞き方のビジネスマナー

著　者　唐沢　明
発行者　高橋秀雄
編集者　伊藤朝美
発行所　**高橋書店**
〒112-0013　東京都文京区音羽1-26-1
編集 TEL 03-3943-4529 / FAX 03-3943-4047
販売 TEL 03-3943-4525 / FAX 03-3943-6591
振替 00110-0-350650
http://www.takahashishoten.co.jp

ISBN978-4-471-01123-9